168招玩转活动策划

刘华敏 编著

化学工业出版社
·北京·

16个专题内容，从活动策划的流程、步骤、准备工作、实用方法、注意事项、核心要素等角度，帮助大家从新手成长为策划高手。

168个活动策划技巧，通过线下节假日、庆典公关、宴会活动、行业活动、电商活动、新媒体活动等实战案例，助大家轻松玩转活动策划。

《168招玩转活动策划》结构清晰、案例丰富、实用性强，适合各公司活动策划工作人员、活动策划公司的管理者，以及需要进行策划活动的电商行业从业者，还适合作为相关策划部门或学校的培训教材。

图书在版编目（CIP）数据

168招玩转活动策划 / 刘华敏编著. —北京：化学工业出版社，2020.6（2021.3重印）

ISBN 978-7-122-36532-3

Ⅰ. ①1… Ⅱ. ①刘… Ⅲ. ①活动－组织管理学 Ⅳ. ①C936

中国版本图书馆CIP数据核字（2020）第052182号

责任编辑：刘　丹　　美术编辑：王晓宇
责任校对：王素芹　　装帧设计：水长流文化

出版发行：化学工业出版社（北京市东城区青年湖南街13号　邮政编码100011）
印　　装：中煤（北京）印务有限公司
710mm×1000mm　1/16　印张14½　字数231千字　2021年3月北京第1版第2次印刷

购书咨询：010-64518888　　售后服务：010-64518899
网　　址：http://www.cip.com.cn

定　　价：58.00元

前言

随着时代的进步，网络和科技越来越发达，各企业和品牌迅速崛起。想要在这个日新月异的世界里站住脚，想要自己的品牌经久不衰，许多人会通过策划活动来达到目的，实现自己的价值。但是，只有好的活动策划方案才有可能帮助企业和品牌达成目标。

本书主要讲述如何进行活动策划，让读者通过本书的学习，全面了解活动策划，并争取成为一名优秀的活动策划人员。本书的内容以理论、技巧、图解和案例相结合，学习理论知识、掌握活动策划技巧，再通过案例分析帮助大家掌握活动策划的要点、注意事项以及方法。

书中的每一个内容都与活动策划息息相关，活动类型也比较齐全，如节假日活动策划、庆典公关活动策划、宴会晚会活动策划、行业活动策划、电商活动策划、新媒体活动策划等。帮助活动策划人员全面解析活动策划的新思路，让策划者轻松创造优质内容，引爆方案力量！由于篇幅有限，本书只能选取精华内容来讲，具体内容如下图所示。

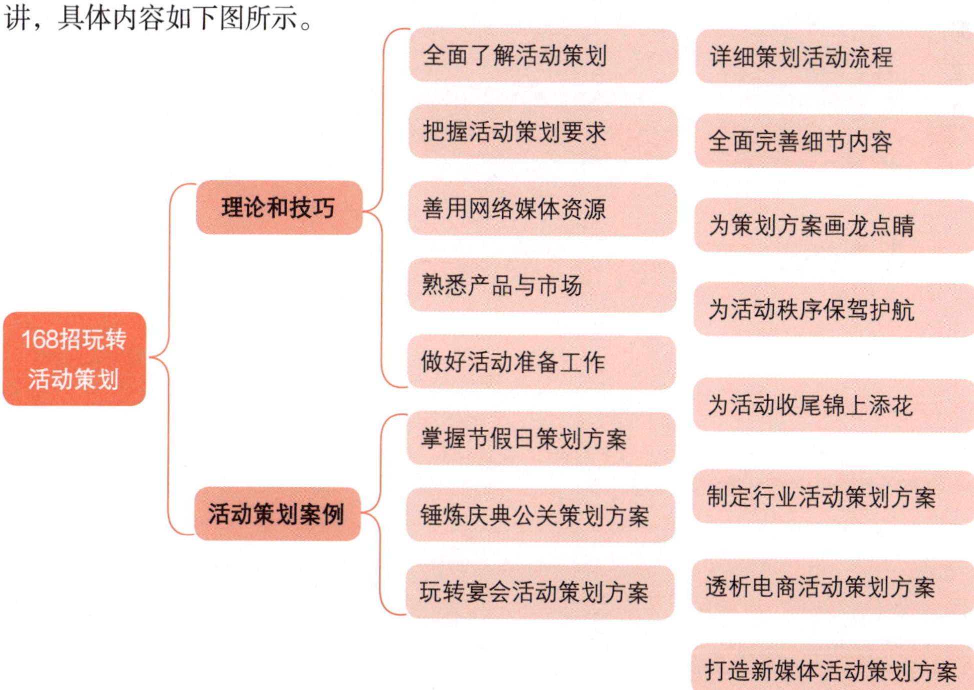

本书有以下3大特色。

（1）内容丰富，涉及面广：全书共168招，从活动策划的各个角度进行全方位解析，帮助活动策划人员从新手快速成长为活动策划的行家里手！

（2）图解分析，一目了然：全书将理论知识和技巧通过图解的方式剖析出来，让读者在阅读时可以一目了然，不仅能学会每一个技能知识点的操作，而且能学以致用，一步步走进活动策划领域！

（3）案例说明，实用性强：本书将各种类型的案例进行归纳，挑选出最经典的活动策划案例进行分析，帮助活动策划人员更详细地了解活动策划的实战效果！

本书是一本侧重活动策划实际应用的书，采取全图解的方式进行分析。图解形式便于读者把握重点，让读者通过逻辑推理快速了解核心知识，节约阅读成本。读者在阅读过程中需要注意图解的逻辑关系，根据图解的连接词充分理解图解想要表达的重点，获得更好的阅读体验。

本书由刘华敏编著，王海波、胡杨等在笔者的创作过程中提供了很多帮助，在此表示感谢。由于笔者水平所限，书中难免有疏漏之处，恳请广大读者批评指正。

编著者

目录

第3章 12个优势：善用网络媒体资源

第4章 10个基础：熟悉产品与市场

第5章 11个方面：做好活动准备工作

第6章 10个步骤：详细策划活动流程

第7章

9个要点：全面完善细节内容

第8章

10个事项：为策划方案画龙点睛

第9章

11个细节：为活动秩序保驾护航

第12章 10种方式：锤炼庆典公关策划方案

第13章 10类技巧：玩转宴会活动策划方案

第14章 10条途径：制定行业活动策划方案

第15章 9大要素：透析电商活动策划方案

第 16 章

10大方法：打造新媒体活动策划方案

168

第1章

11个方面：全面了解活动策划

随着营销活动的兴起与发展，各行各业逐渐有了自己的品牌营销活动，越来越多的成功案例让人们意识到，成功的活动对营销来说帮助十分大，所以各行各业对活动策划越来越重视，本章就带领大家全面了解活动策划。

001 基本概念：活动策划的定义

活动策划是一种为活动而进行的文字策划，除了用文字表现以外，还需要在实际生活中进行兑现、实操。活动策划方案属于文案的一种，常被称为活动文案。

一个好的活动策划，可以进行品牌推广、提高企业声誉，更能提高产品的市场占有率。**一般来说，活动大致分为两类：从策划目的来看，可以分为盈利型和宣传推广型；从活动平台来看，可以分为线上型和线下型。**

002 文案构成：活动策划的组成内容

国内的活动公司根据行业需求的不同，创造了种类繁多的文案类型，比如创意文案、企划文案、品牌文案等。一个完整的文案是活动内容的文字化表现，主要由4个部分构成。下面对活动文案的4个组成部分进行简单分析，希望能帮助读者更加深入地了解文案本身。

（1）活动文案的标题

标题是活动文案的主题，在内容上往往也是活动的诉求重点，针对标题的相关分析可以从两个方面进行，一个是根据实质意义，吸引人们对活动的关注，给大众留下深刻印象，引人注目的标题会激发人们阅读的兴趣；另一个是根据内容要求，语言简明扼要，内容易懂易记，表达清晰，新颖有个性，标题的字数一般在12个字以内。

（2）活动文案的副标题

副标题是相对主标题而言的，是对主标题的补充说明。副标题属于文案的重要组成部分，关系到文案的内容表现。从实质意义上来说，副标题是活动文案的组成部分，也是进一步表现主题内容的环节，能够起到主标题不能替代的作用。而从内容要求上来说，副标题与主标题相呼应，进一步深化主题内容。在部分文案中，也会以副标题的形式对核心内容进行展示。

（3）活动文案的正文

对于任何行业而言，要想打败竞争对手，占领市场，就不能没有活动的支持，而活动文案的正文就是活动中最为直接有效的部分。从实质意义来说，正文以客观的事实、具体的说明来增加消费者对产品的了解和认识，从而打动消费者，促使其购买产品。而从内容要求来说，正文应该言简意赅、突出重点，同时文案要求实事求是、通俗易懂。

（4）活动文案的口号

口号的表现形式就是不断地重复，从而获得一定的宣传效果，属于一种战略性的文字。对于企业而言，口号是推广商品的基本要素之一。

广告口号在生活中很常见，比如联想公司的“人类失去联想，世界将会怎样”等。从实质意义来讲，通过体现不同产品的优势和特点，使消费者掌握商品和服务的个性，从而提升产品的销量。而从内容要求来讲，文字的形式可以比较简洁，所用文字的内容明确，表达上独具趣味，口号本身易读易记。

（5）活动文案写作的基本方法

对于文案写作而言，内容和模式不容忽视，相关的写作方法主要分为3种模式：强迫思考法、延伸特点法、倒三角法。

① **强迫思考法：**主要是针对文案前期的写作，用于构建文案整体思路的基本结构，本质上是为了挖掘潜力、构建思路、产生创意，而意义上是完成文案、组织要点、训练思维。所以具体表现在罗列商品名，逐步填写能帮助商品销售的众多优点。

② **延伸特点法：**主要是在原有商品特点的基础上进行思考延伸，进一步挖掘商品特点的潜在内容，需要以原有特点为出发点，如图1-1所示。

图1-1 挖掘商品特点的潜在内容

③ **倒三角法：**主要是将文案内容分为3个部分逐步完成，第一部分主要是精要地浓缩全文的销售语句，第二部分逐一说明该商品的众多特色，第三部分宣传商品的卖点和相关优惠活动。

003 盈利型活动：以提高销量为主

活动的基本目的就是活动策划的出发点。从这一点来看，可以将活动分为盈利型和宣传推广型，我们首先来学习什么是盈利型活动策划。

不管企业进行哪种营销活动，其目的都是以盈利为主，因此，盈利型活动策划被不少企业所重视。**盈利型活动策划的目的并不单一，它具有主次分明的特点，只要运用得当，定能引起消费者的关注，激发消费者的购买欲望。**

盈利型活动策划的目的以盈利性销售为主，品牌宣传为辅，制定在市场上能实现的活动策划方案，其中涉及产品销售、品牌美誉度、企业知名度。活动策划者在策划盈利型活动时，**可以大众感兴趣、关注的事物为主题，从侧面突出企业的产品或品牌，这样能大大提高企业的知名度和美誉度。**

图1-2　某服装超市促销活动

例如，某服装超市在新品上市时推出“优惠大酬宾”活动，只要消费者购物满足活动要求，便可获得相应的礼品，不少消费者都积极参与了活动。这样的活动既满足了消费者的需求，又能给他们带来利益，因此能受到人们的极大关注。如图1-2所示的活动既能提高产品曝光率，又能激发消费者对产品的购买欲望。

一般来说，活动策划者通过以下步骤，可有效实现盈利型活动策划的目的。

① 想出能吸引消费者的活动主题，可以从消费者的兴趣、关注点和需求3个方面入手。

② 明确盈利型活动策划的主要产品。

③ 明确盈利型活动策划的定位，可以从产品、价格、市场、活动渠道以及营销手段5个方向来定位。

④ 完善策划。只有策划方案得到全面完善，才能让活动成功的概率增大，进而避免一些问题的发生。

004 宣传推广型活动：以推广品牌为主

在生活中会有一部分企业比较注重品牌宣传与推广，于是就会选择策划宣传推广型活动，进一步提高企业品牌的影响力。宣传推广型活动策划不同于盈利型，它的主要目的不是销售产品获得盈利，而是宣传品牌，所以一般宣传推广型活动在形式上都十分吸引人，各种类型的晚会是商家常用的表现形式。

例如，某公司在端午节推出“吃粽子庆端午”的品牌宣传推广活动。为了推广此次活动，还特意邀请了知名人士出席开幕仪式，以献爱心的方式联合多家企业捐献18万元购买粽子赠送给当地的孤儿和五保户，让他们能在端午节当天一起分享佳节美味。该活动以捐赠爱心粽子为由，进一步推广和宣传品牌，本次宣传活动受到了当地群众的很大关注。

“吃粽子庆端午”活动的成功之处在于，它用公益宣传的形式举办活动，不仅在产品上抓住了消费者的需求，在味觉上给消费者带来了不同的体验，还增强了活动的宣传力度。

一般来说，常用的宣传推广型活动有公益活动、社会活动、颁奖活动，对这几种活动形式的具体分析如图1-3所示。

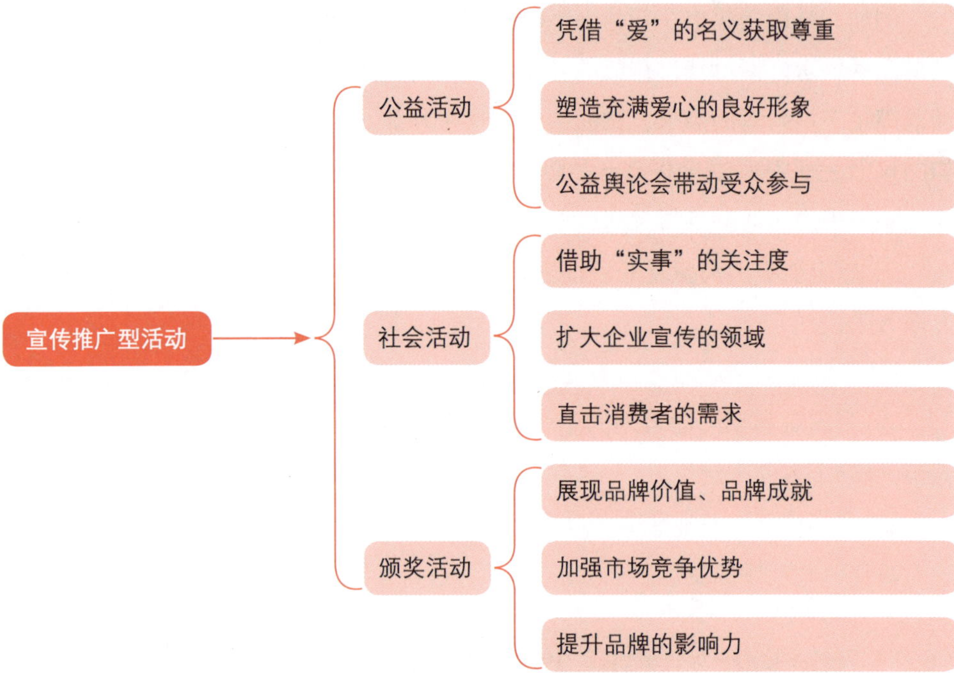

图1-3　常用的宣传推广型活动

005 线上活动：以互联网为主

活动的应用平台是活动策划的着手点，从这一点来看，可以将活动分为线上型和线下型。线上型活动在互联网上进行，一般在各大电商平台中比较常见。在活动类型上除了促销活动外，还发展出了许多其他的活动类型，如众筹活动、团购活动和网上募捐活动，相关分析如图1-4所示。

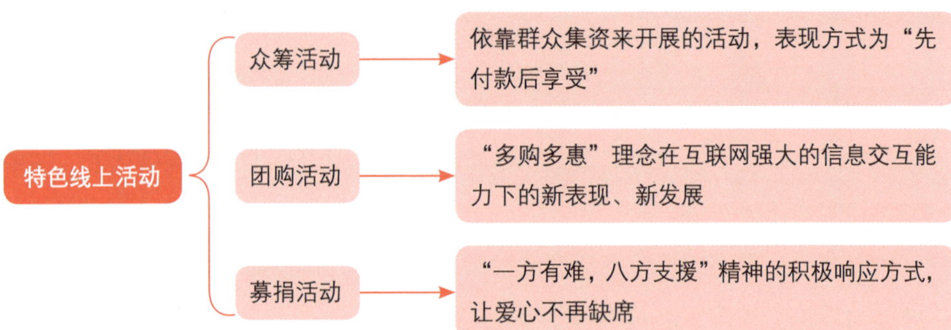

图1-4　特色线上活动类型

006 线下活动：以主场舞台为主

线下活动是在实际生活场景中进行的，一般多见于各大文娱晚会、地方性活动和商家促销活动等。但线下活动策划不仅有线下部分，如大型的文娱晚会除了在演出场地进行外，还经常会在电视和网络上直播。这里所说的线下活动策划是指以线下活动为主、其他宣传方式为辅的活动形式。

线下活动以主场舞台为主要活动形式，网络直播和电视直播为辅助形式，其目的都是增强宣传效果。例如，某著名歌手的演唱会在网络上直播，有的电视台会选择同步直播。

还有一种活动是我们比较常见的——商场促销活动。图1-5所示是某商场的促销活动，以线下舞台为主，用节目娱乐群众，同时在网络上直播，达到了宣传效果。

图1-5　某商场的促销活动

007 吸引群众：用品牌美誉度说服群众

活动策划并不是凭空出现的，它之所以被各大企业看重，是因为它能有效提升企业品牌在消费者心中的美誉度。下面就来进一步了解活动策划能给我们的企业带来哪些作用。

（1）调动受众参与性

一个好的活动策划能充分调动受众的参与性。只有受众愿意参与活动，企业才能通过活动达到向受众传播商业信息的目的。

例如，拼多多在2019年6月18日开展“百亿补贴”活动，很好地吸引了消费者参与活动，在活动当天获得11亿笔订单，618百亿补贴活动取得超预期效果，对刺激城乡新消费内需市场起到了杠杆作用。当天上线的一款售价6.58万元的奇瑞汽车，仅999元的意向金在8小时之内就支付逾70万元，平均每小时卖出近百辆，其他产品在下沉市场的订单量同比增速超过一二线城市。拼多多联合品牌商共同补贴100亿元现金，针对全网热度最高的10000款商品进行大幅让利，让消费者挑选认可的商品和品牌直补终端价格，惠及4.433亿消费者。

（2）宣传品牌形象

对企业来说，一个好的活动策划就是一种提高企业品牌曝光率的有效渠道。消费者积极参与到活动中，就会对活动中出现的所有因素产生“自主注意”意识，届时，企业在活动中注入的商业信息也不会让消费者产生厌恶的感觉，他们反而很愿意接受，这大大提高了商业信息或品牌的曝光率。例如，拼多多与多家品牌联合发起的“百亿补贴”活动，如图1-6所示。

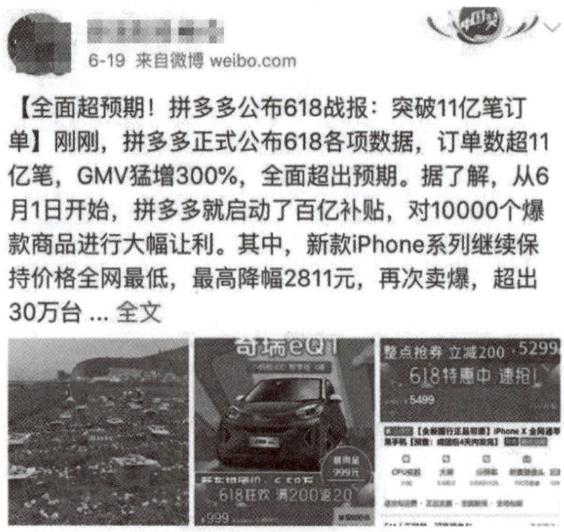

图1-6　拼多多“百亿补贴”活动产品

拼多多“百亿补贴”活动的成功，是运营者在活动过程中把握消费者贪图便宜的心理，用低价冲击消费者的底线，从而吸引消费者的眼球，通过补贴让消费者受益。这样的方式让消费者通过低价就能买到自己需要的产品，消费者心理上也会对活动产生好感。

008 情感桥梁：通过活动让顾客熟悉品牌

一个好的活动，并不只是对企业有好处，对于参与活动的受众来说也是益处多多，其中最大的好处在于能开发受众之间的连接性。人们可以通过活动，与自己的亲朋好友连接在一起，一起分享活动的快乐，也可以在活动中结交新的朋友。活动就成为了人与人之间加深感情的桥梁。对品牌来说，活动是培养核心用户、留住长期用户的重要手段，如果说产品是营销的关键，宣传是营销的主力，那用户就是营销的服务主体了。

想要获得稳定的客流，就要让用户了解你的品牌价值，而通过活动向用户灌输品牌价值是非常好的方法。对于新用户来说，首次消费时优惠活动能让他们对品牌有一个良好的第一印象；对于老用户来说，稳定的回馈活动能增加他们对品牌产品的依赖性；对于忠实用户来说，定期的会员活动能维护他们对品牌的信任与支持。

培养用户感情可通过首次消费优惠活动、累计回馈消费活动、会员消费折扣活动。活动形式各不一样，如首次消费有首单福利、电商下单优惠等，累计回馈消费有超市、商场累计购物送礼品等，会员消费折扣活动有品牌会员中心活动、商店会员办卡活动等，可根据用户的消费情况开展相关的活动。

例如，某珠宝店回馈新老客户的幸运大抽奖活动，不仅加深了门店与客户之间的感情，还利用产品进行了营销，如图1-7所示。

图1-7　某珠宝店幸运大抽奖活动

009 优势特点：利用“体验”传递信息

企业在选择营销方式、推广手段的过程中，一般都需要了解营销方式或推广手段各自的优势，并挑选出对自身产品最有利的方式或手段，这样企业在产品推广、销售的过程中才不会走太多弯路，下面就来了解活动策划的优势。

企业之所以会进行活动策划，是因为它具有以下3大优势。

① 调动受众参与性。

② 提高产品曝光率。

③ 开发受众连接性。

企业若想在活动中实现信息的传播，必须要抓住“体验点”来设计活动，其目的就是让受众在活动中能有一个难忘的、喜欢的体验，这既能提高受众的参与度，又能在受众的体验过程中巧妙地将企业的商业信息传递给受众。

活动可以由主办方自行选择举行的地点以及进行的时间。企业的经济状况、活动内容、受众群体等决定了活动策划的整个方向，活动不受地理因素和时间因素的限制。

例如，某整形医院推出“爱颜试刻0元体验”活动，让用户可以免费体验产品，凭单据截图还可以获得黄瓜胶一份，活动中受众可以有一个新的体验，既提高了受众的参与度，又将企业的商业信息传递给了受众，如图1-8所示。

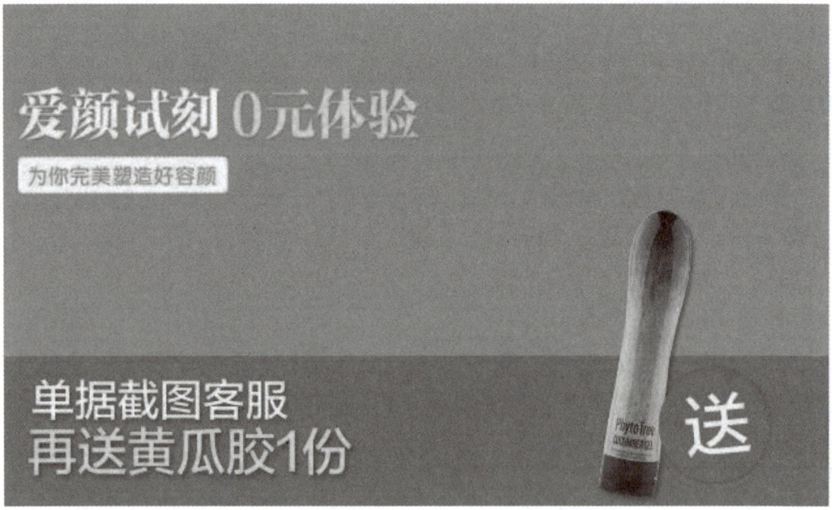

图1-8 某整形医院“0元体验”活动

010 形象推广：选择特定主题开展活动

活动策划通常都是围绕一个特定主题开展的，这样可以突出企业、品牌、产品形象，提高受众参与度。

活动主题的以上这些作用，都是为了在受众心中增加品牌知名度，**若能让受众积极参与到活动中，既能让受众在精神层面上感到满足，又能让受众在生活层面上获得娱乐，这样对企业的公关效应有特别好的作用。**

某酸奶企业就是一个典型的例子，它就是在微博、微信等平台上多次策划活动，吸引受众的注意力，通过这样的方式成为了人们耳熟能详的品牌，图1-9所示为某酸奶企业为了迎接世界杯的到来而举办的主题活动。

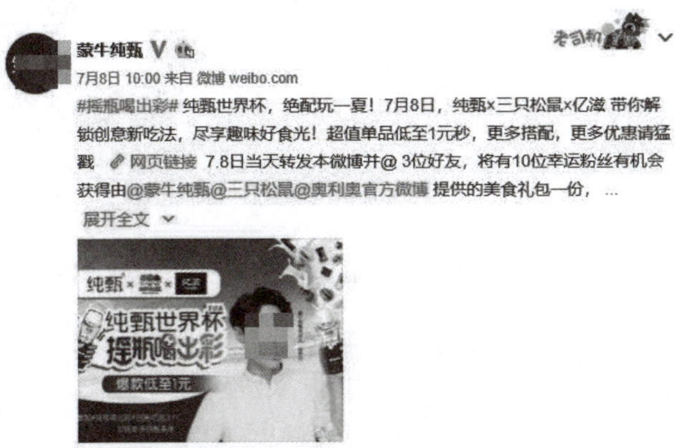

图1-9 某酸奶企业以世界杯为主题的宣传活动

又如，VIVO在推出新品时，请来某著名艺人代言产品，在新品发行后不少粉丝购买了同款手机，说明此次活动策划是成功的，抓住了粉丝的心理，用明星代言的形式大大提高了品牌的知名度，如图1-10所示。

图1-10 VIVO新品明星代言活动

011 低成本推广：让活动效果受益更显著

不管是在电视还是网络上，绝大多数的广告费都是高昂的，对于那些小型企业来说，推广产品的广告费是一项比较大的支出，而且具有较高的风险，若难以符合当时消费者的需求，活动效果可能不佳，这些都是需要考虑到的。

相对来说，**以活动的方式进行产品推广的成本比较低，**其效果也更加明显，在活动中企业的受益程度要比“冰冷”的广告强几十倍。图1-11所示为企业和受众在活动中能获得的好处。

图1-11　企业和受众在活动中能获得的好处

第2章

13个角度：把握活动策划要求

现如今，活动策划对企业来说越来越重要，要写好一个活动策划，就必须知道活动策划的具体要求有哪些？比如活动的总体方案、活动预算、活动安排等，本章将向大家介绍活动策划的要求，希望能对大家有所帮助。

012 总体方案：掌握活动策划的全部事项

活动之所以要策划，是为了让活动变得有意义，使企业达到某些目的。活动从开展到结束，这个过程中的人员配备、活动地点、活动宣传等都需要一定的成本。若企业不进行一番好的策划就开展活动，那么很有可能出现活动成本增加、活动效果不明显等不利状况的发生，到时企业可真是“赔了夫人又折兵”。

因此，企业需要牢记活动策划的要点，根据要点来策划活动，下面就来了解一下活动策划的要点。

企业在进行活动策划之前，需要将活动总体方案简单策划出来，一个大体的活动雏形能为后续工作提供有效方向。一般来说，在活动总体方案中至少要列出7个事项，如图2-1所示。

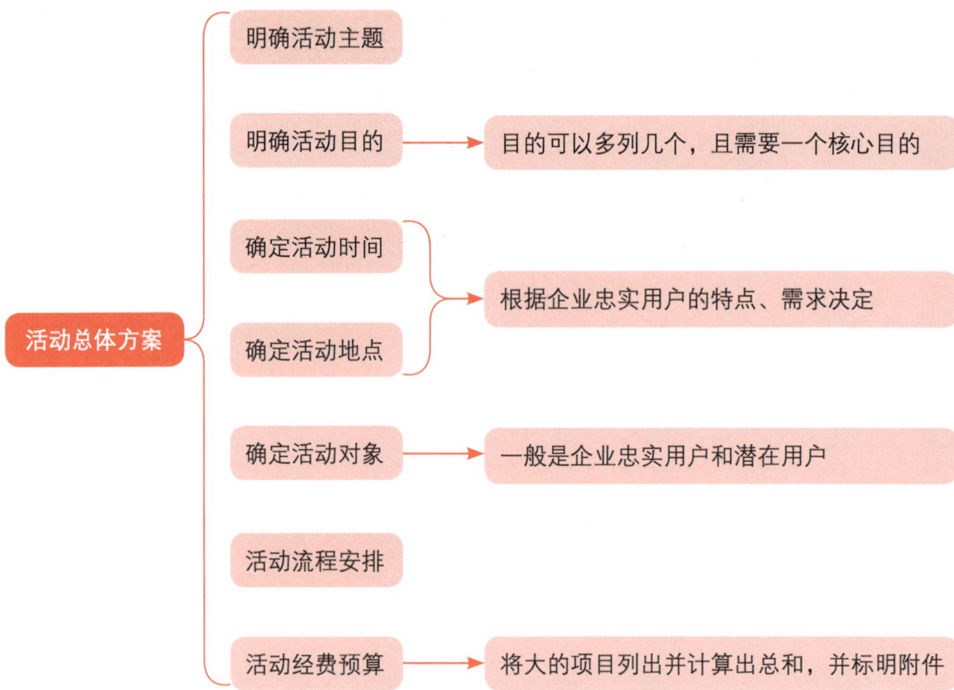

图2-1　活动总体方案中需要列出的事项

在进行活动策划之前，**活动总体方案无须太过详细，不用花太多的时间准备**，只需满足简单、明了、易懂这3个要求即可，内容无须过多，方案要素全面即可。

013 活动预算：把控经费支出与去向情况

对于活动策划者来说，需要将活动经费的去向罗列清楚，只有这样才能把控活动经费的支出，也能让企业管理者快速了解活动经费的去向，从而放心地将活动经费交给活动策划者。**活动策划者需要根据活动类型、活动项目、企业具体情况，来制作真实、合理、详细的活动整体预算表**，例如，需要为产品举办新品发布会活动，其整体预算表如表2-1所示。

表2-1 活动整体预算表

活动名称	某产品新品发布会			
活动主题	将某新产品正式向外推广			
用途	项目	单价	数量	总价
前期推广	在某电视节目上投放广告	45000元/天	7天	315000元
	制作传单	1元/张	10000张	10000元
	制作邀请卡	2元/张	100张	200元
场地租借	某酒店大厅	24000元/天	1天	24000元
设备租借	椅子	5元/把	200把	1000元
	摄影设备	3000元/台	3台	9000元
	投影机	5000元/台	1台	5000元
	桌子	10元/张	10张	100元
	音响	400元/个	2个	800元
	话筒	5元/个	4个	20元
食物	水	48元/箱	10箱	480元
发布会上的节目	礼仪小姐走秀	400元/人	10人	4000元
	专业串场节目	1000元/次	3次	3000元
临时雇用劳务	签到人员	100元/人	4人	400元
	摄影师	300元/人	3人	900元

续表

用途	项目	单价	数量	总价
临时雇用劳务	主持人	400元/人	1人	400元
	保安	100元/人	10人	1000元
	场地布置人员	200元/人	15人	3000元
不可预计花费				10100元
总计				388400元

活动策划者在制作活动整体预算表时需要掌握4个原则，图2-2是对4个原则的分析。

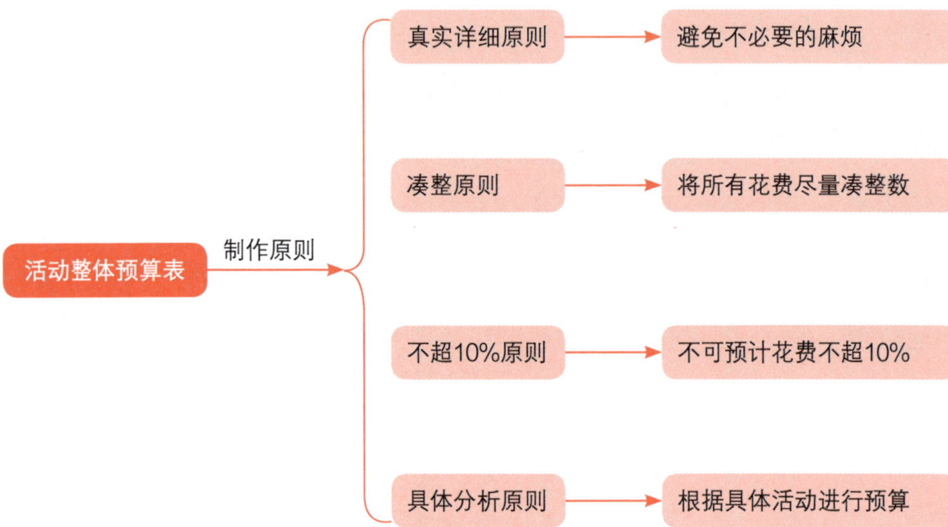

图2-2　活动整体预算表制作原则

014 活动安排：落实到工作的具体细节

制订活动安排表也是活动策划者所需要关注的问题，更是活动策划不可缺少的一环。活动策划者需要将工作落实到3个部分，即落实到合适的部门、合适的人和具体完成时间，只有这样才能制订好活动安排表。

一般来说，活动安排表需要包括两个部分：前期准备工作和当天工作安排。还是以举办新品发布会活动为例，其活动安排表如表2-2所示。

表2-2 活动安排表

活动名称	某产品新品发布会		
活动主题	将某新产品正式向外推广		
活动开始时间	2020年5月26日下午13：30		
用途	分配部门	时间	日期
确定会场	人事部门	5天	2020年2月13日～2020年2月17日
会场购买使用物料	采购部门	两星期	2020年2月18日～2020年3月1日
发送邀请函	人事部门	一星期	2020年3月2日～2020年3月8日
会场设计	设计部门	两星期	2020年3月9日～2020年3月20日
会场布置	设计部门	三星期	2020年3月23日～2020年4月10日
检查会场	审检部门	三星期	2020年4月13日～2020年4月30日12点
临时雇用人员	人事部门	两星期	2020年5月4日～2020年5月15日
宣传广告	产品宣传部	一星期	2020年5月18日～2020年5月25日

活动策划者在进行工作安排时，最好是将时间安排到分钟，越精确越好，这样可以缓解工作落实慢的情况，避免活动当天出现问题。

015 活动流程：环环相扣到内容评估

在活动策划中，活动具体流程表也是一个重点，活动策划者需要将活动当天的流程安排到位，并一一列举出来，让领导、操作人员知道活动大概的流程。这样，活动才会更严谨，更容易成功。以新品发布会为例，活动具体流程表如表2-3所示。

表2-3 活动具体流程表

活动名称	某产品新品发布会	
活动主题	将某新产品正式向外推广	
活动开始时间	2020年5月26日下午14：00	
事件	时间	具体描述
签到	13：30～14：00	记录参会媒体

续表

事件	时间	具体描述
主持人开场白	14：00	主持人上台+轻音乐
节目	14：15	小型音乐会
介绍产品	14：45	介绍新产品的新功能、生产背景等内容
主持人谢幕	15：15	宣布发布会结束
发布会结束	15：30	发布会全部结束

活动结束之后，最好是制作一份评估调查问卷，向员工、参与活动的媒体投放，了解他们对活动是否满意，为以后策划提供思路。活动策划者在制作评估调查表时需要明确两个内容：**一是评估的目的，二是评估的内容。**

活动策划者根据评估目的来展开评估内容的制定，常见的就是对整个活动的评估，找出当中的优缺点，积累经验，完善以后的活动。

一般来说，活动策划者可以针对4个方面进行评估，如图2-3所示。

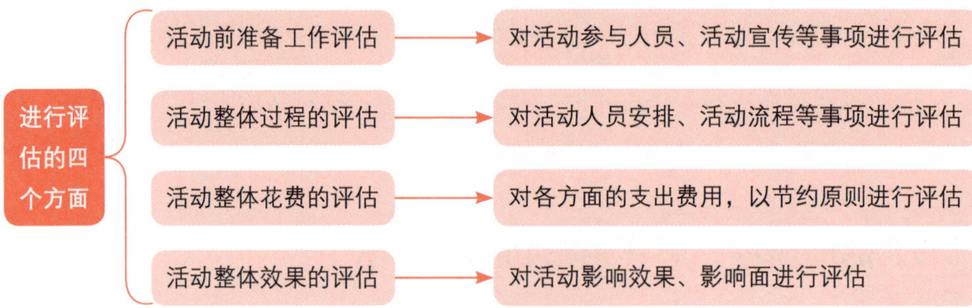

图2-3　进行评估的4个方面

以某新品发布会为例，针对活动的整体效果制作一份简单的评估调查问卷，其中评估调查问卷可以从5个方面进行调查，如图2-4所示。

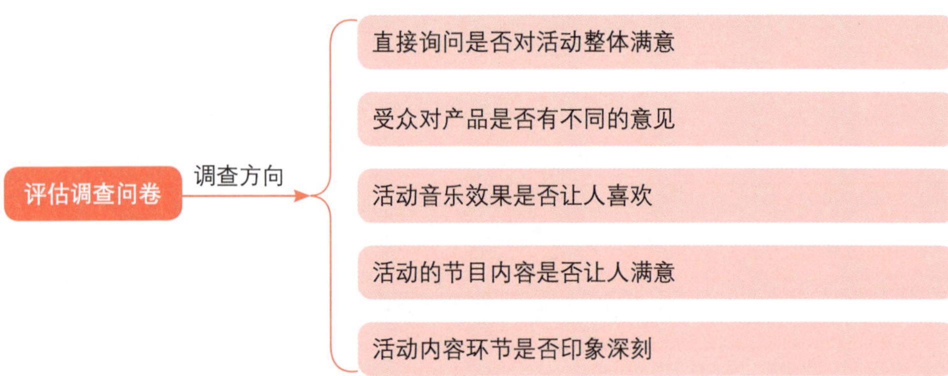

图2-4　进行评估的5个方面

值得注意的是，评估调查问卷中的内容不要太长，尽量简短，且评估调查问卷需要根据具体的活动内容来设计问题。

016 活动备案：应对不可控的突发情况

活动总方案至少要在活动开展前的1个月策划出来，由于无法预测活动当天会发生的事情，活动策划者需要做出一份备用的活动紧急方案来应对。

一般来说，备用活动紧急方案与活动总方案大致相同，只是为了防止一些不可控制的因素而制订。例如，总方案的活动场地是在室外，活动当天可能会下雨，则可在备用方案中将活动场地改成室内或者是在室外加一个雨棚；活动当天有可能遇到情绪比较激动的受众，需要有应对的话术，或者聘用保安维护现场安全等。

017 活动利益：用优惠力度感染受众

一个好的活动，一般都会将对受众有利的方面直截了当地告诉受众，这样更容易让受众受到活动的感染。

例如，举办一场优惠促销活动，需要在宣传过程中让受众了解到优惠力度，这样就比较容易激发消费者的购买心理。

某电器公司举办促销活动，以“0元起拍”的方式吸引受众，让受众觉得自己可以直接获利。当然，促销活动一般也会限制时间，让受众有紧迫感：错过了这个时间段，优惠就没有了。这很好地抓住了受众的心理，从而达到很好的营销效果，如图2-5所示。

图2-5 直明利益的促销活动宣传

018 可执行性：全面分析活动的可行性

活动策划者在进行活动策划的过程中，需要把控各环节是否具有执行能力，没有能力执行的活动只不过是空谈，没有任何意义和价值。对于执行能力可以从以下3个方面进行把控。

① 考虑执行人员的情况。

② 将活动安排周全。

③ 考虑外部环境问题。

从可执行性方面进行分析要了解4点，分别是利益和危害之间的比例、成本与效益之间的比例、方式方法是否科学以及活动内容是否合法。

活动具有效益也有风险，举办成功的活动可以带来效益，举办失败的活动不仅不能带来预期的效益，还会让活动准备人员的努力白费。所以，活动策划者在规划活动内容时要尽量把存在风险的因素去除，以确保活动能够顺利成功的进行。

活动具有效益但也需要成本，活动策划者要把握好效益和成本之间的关系。通常来说，活动的效益都是要大于成本的，特别是促销活动，得到的效益如果不能远大于付出的成本，那就背离了根本的目标，活动也就没有举行的必要了。

活动时，工作的方式方法是否符合科学，也是需要重点分析的。科学合理的工作方式方法可以帮助节省活动成本，缩短活动筹备时间，保障活动顺利完成；工作方式方法不合理经常会让活动延期，甚至无法举行，最终导致前期宣传效果降低，让活动的效益大打折扣甚至毁于一旦。

此外，活动策划者一定要注意活动的内容是否合法，活动会场的设施布置是否符合相关规定，避免发生“千里之堤，溃于蚁穴”的情况。最后，还要结合实际操作性分析活动需要的运行能力，主要包含主观条件和人力、物力等客观条件。

抛开运行能力不谈去聊活动策划，这无异于纸上谈兵，说得再好，讲得再棒，又有什么用呢？所以，活动策划者在策划活动时，不要一味地追求充满创造性、新奇独特的活动方案，也要适当考虑主办方的运行能力。

人力、物力等客观条件，也是活动策划中要考虑的一点，没有人力、物力等客观条件支持的活动策划无异于画饼充饥，没有做饼的材料，饼画得再好看也只能饿着。

所以，活动策划者不要有什么新想法就往策划方案里加，要考虑到现有资源的情况，以整体活动的实现为本。另外，对一些将执行能力充分进行规划的活动方案，还需防范意外情况，准备一个低配版的执行方案。

019 时机与热点：满足群众的心理需求

不管是在现实生活中，还是在互联网上，以时间为理由的活动策划是非常常见的。例如，某品牌的“三八妇女节”活动，就是以一个固定时间“每年3月8日”来进行促销活动，且活动力度是消费者所期待的，图2-6所示为某品牌“三八妇女节”活动宣传广告。

图2-6　某品牌“三八妇女节”活动宣传广告

活动中所指的时间并不单指日期本身，还可从假日和时节两个方面考虑，前者如春节、圣诞节等，后者如迎春、换季等。

时事热点也是人们最为关注的话题之一，活动策划者可以借助它们的“热势”，让活动更容易被人们所接受。那么，哪些时事热点可以作为活动策划的素材呢？可以从3点入手，即社会热点、明星花边和生活新闻。

例如，某品牌在高考期间举办的免费送水活动，利用高考期间给高考学子免费送水，以热点吸引群众目光，打响自己的知名度。

020 活动类型：选择最合适的活动形式

活动策划者千万不要只盯着一种活动类型进行策划，要学会转换活动类型，这样才能准确判断在正确的时间运用正确的活动类型，这样可以大大提高活动的可执行性以及策划者的策划能力。确定了活动的类型和方向后，也不必拘泥于该方向上特定的活动形式，可以利用发散思维多拓展一下活动形式。

例如，商场的促销活动不是只能用优惠和礼品吸引顾客，再由讲解员推销商品。用一些其他的新奇方式吸引顾客，效果可能会出人意料，例如以幽默风格的漫画为特点吸引消费者眼球，让消费者觉得想法新颖奇特，也可以达到自己想要的效果。

021 创新性原则：从内容上创造新意

如今，企业利用活动进行营销已经是一种司空见惯的手段了。因此，活动策划者需要遵循创新性原则，在活动中嵌入一些能让人们感到新意十足的内容，这样可以大大增加活动对人们的吸引力。体现创新性原则要从“科学实践，求真务实”的基础出发，重点体现3大特点，即可行性强、实用性强和新颖性强。同时，还需注意以下3个事项，如图2-7所示。

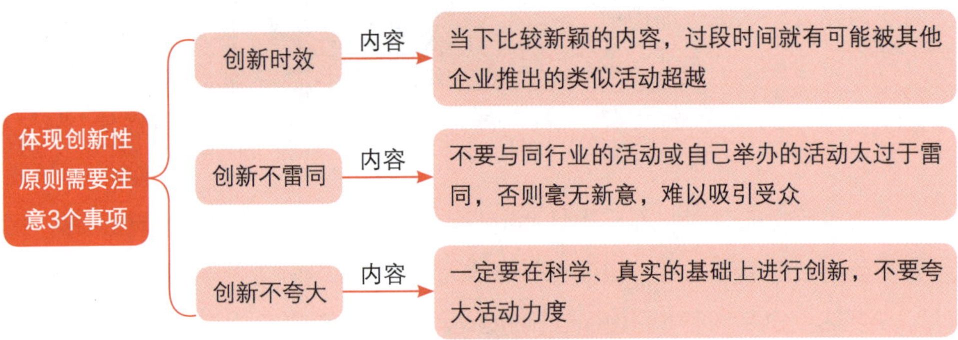

图2-7　体现创新性原则的注意事项

此外，活动的创新性除了可以吸引大量受众外，还可以给企业带来多方面的好处，如展示企业先进生产方向、让企业收获利益和口碑、展示企业先进文化。值得注意的是，活动策划中的创新指的绝对不是标新立异、胡乱策划，仍需要遵循3个要点：在合法上力求新颖、在合理上进行创作、在合情上创造新意。

022 活动要点：抓住受众的需求和喜好

活动策划不是一种简单的工作，其复杂的活动环节中有许多细节问题需要活动策划者注意。只有从细节到整体都做到完美的活动，才是能让人真正满意和赞赏的活动。活动策划者在进行活动策划的过程中容易遇到一些问题，下面就来了解一些活动策划时需要明确的事项，从而规避一些问题。

（1）明确受众对象

在进行活动策划之前，一定要明确受众对象，且围绕活动受众的需求、喜好来开展活动策划工作。

（2）明确活动阶段

一般来说，活动都会分3个阶段进行，如图2-8所示。

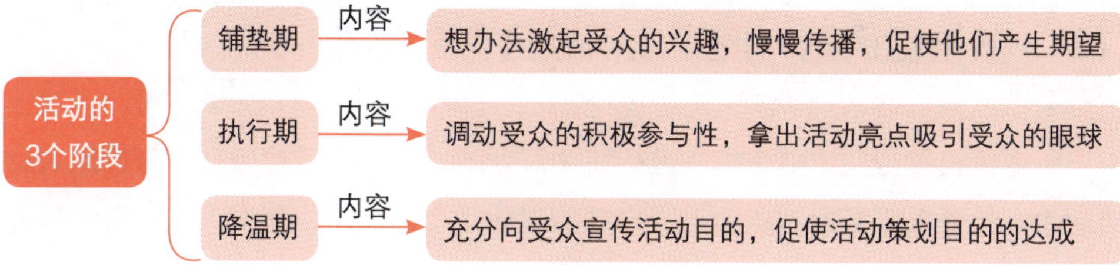

图2-8　活动的3个阶段

023 活动风格：符合宣传的核心主题

活动策划者在进行活动策划工作时，只需要确定一个核心主题，并围绕该主题展开策划。一定不要在一个活动中嵌入多个主题，这样策划出来的活动可操作性非常低，是没有任何意义的。

一般来说，活动主题满足以下3点才能得以确定。

① 从企业实际情况出发。

② 根据市场发展状况进行确定。

③ 是目标受众所需要的内容。

例如节日活动，活动主题都紧扣节日内容来进行，受众不觉得违和，也易于接受并参与，如图2-9所示。

图2-9　紧扣主题的节日活动

所谓的吻合主题性原则是指策划出来的活动需要与主题吻合。千万不要脱离主题范围，不然策划出来的活动毫无操作意义。除此之外，活动中所有节目的气氛都要与设定主题相符，不能脱离主题。

例如，举办一场新产品发布会活动，若在活动中加入太过搞笑类的节目，与主题气氛不相符，则很容易偏离主题，届时受众可能只记住了搞笑节目的笑点，而不是新产品的优点、性能等。

024 参与性原则：使受众积极且有共鸣感

所谓积极参与性原则是指在进行活动策划的过程中，**需要将强参与性嵌入到活动中，让受众积极参与活动，这样既能调动受众的情绪、聚集人气，又能拉近受众与企业品牌之间的距离。**那么，该如何策划出一个遵循积极参与性原则的活动呢？可以采用以下3种方法。

① 在活动中嵌入互动游戏。

② 向受众提供奖品。

③ 从消费者情感入手设计活动。

活动只是顺利、圆满地完成，还算不上成功，只能说是合格的活动。如果活动还能给参与者一个比较良好的体验，并且获得了多数参与者较好的评价，这才可以说这个活动比较让人满意。但成功的活动还远远不止这些，不仅要顺利、圆满地完成和得到受众的好评，还要让受众记住，并在活动结束后依然能产生一定的持续性的影响。

想要让受众记住活动，就要营造活动的记忆点，营造记忆点需注意以下两点。

① 被动记忆源自心理共鸣。

② 营造的记忆点不要超过3个。

人的记忆包括主动记忆和被动记忆两个部分，如图2-10所示。

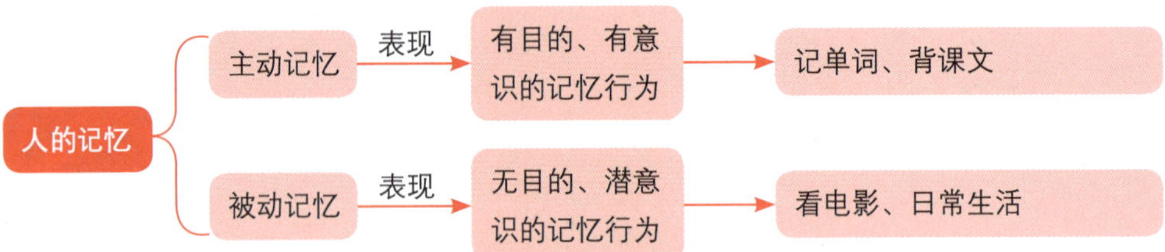

图2-10　记忆的相关分析

在活动策划中，营造记忆点主要关注的是被动记忆，因为一般来说，受众参加活动并不是为了将活动记下来。而人的被动记忆源自于人的心理共鸣，所以心理共鸣是受众活动记忆点的重要来源。

其实，利用受众的心理共鸣来营造活动记忆点，这在活动中是比较常见的。例如，在晚会活动上，主持人都会说一两段与主题相关的煽情的话，或者讲一个感人的故事，节目中也通常会有一个能引起观众情感波动的环节。而在电视节目中也常利用被动记忆源自心理共鸣这一原理，比如选秀节目中选手的“比惨”环节。

记忆点的设置不应过多，过多的记忆点往往会让受众产生混乱，反而会失去它应有的作用。一般来说，在一场维持在正常时间范围的活动中，记忆点可以设置为2～3个。它们可以穿插在活动的起始、高潮、尾声3部分之间，这样可以对活动内容起到承上启下的作用。

第3章

12个优势：善用网络媒体资源

18世纪中期，人类开始第一次科技革命，进入了工业时代；19世纪中叶，人类开始了第二次科技革命，进入了能源时代；20世纪中段，人类开始了第三次科技革命，进入了信息时代。今天，随着互联网技术的不断发展，利用好网络媒体资源，对于活动策划来说无疑也是一场革命。

025 网络资源：数量庞大的潜在用户

网络是当今社会的一个重要组成部分。网络让我们的生活变得更加便捷，让我们可以轻松出行，简装旅行；网络也可以改变我们的生活方式，让我们足不出户知晓天下大事，还能维持正常生活。网络似乎在改变一切，出行方式、沟通方式、支付方式等，当然，这其中也包括活动策划。网络为活动策划提供了许多便利，主要表现在6个方面，如图3-1所示。

图3-1　网络为活动提供的便利

据中国互联网络信息中心2019年8月发布的《第44次中国互联网络发展状况统计报告》显示，截至2019年6月，中国网民规模达8.54亿人，手机网民规模达8.47亿人。如此庞大的群体还在继续增长，并且随着信息技术的发展和互联网的进一步普及，其增长的速度将越来越快，如图3-2所示。

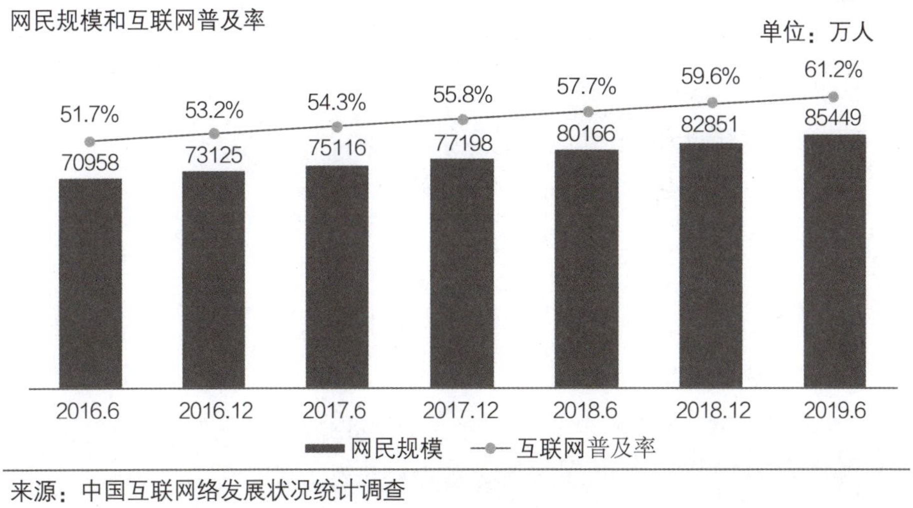

图3-2　互联网用户持续增加

从上述信息中，我们可以看出互联网的普及率已经非常之高，每一块电脑屏幕或手机屏幕前都可能链接着千千万万的互联网用户，而这千千万万的互联网用户都是可以成为活动的受众的。

例如“ALS冰桶挑战赛”，这一项在互联网上发布的公益活动，活动规则要求参与者在网络上发布一个视频，视频的内容为参与者自己被冰水从头顶浇遍全身，然后该参与者便可以指定其他人来接力活动。而被指定者如果不在24小时内完成挑战，就要选择为对抗“肌肉萎缩性侧索硬化症”捐出100美元。该活动集宣传与募捐两个目的为一体，宣传被称为渐冻人的罕见疾病的同时，也为帮助渐冻人患者治疗进行募款。

因为富有创意的活动形式和公益成分的加成，冰桶挑战活动在互联网呈现病毒式的传播，光是新浪微博上相关内容的点击阅读量就已达到了45亿次。

026 网络营销：新媒体平台的便捷之处

随着互联网的兴起，网络不仅为活动提供了大量的受众，还提供了众多聚集受众的社交媒体平台，许多互联网用户每天都会花一定的时间活跃在这些社交媒体平台上。而这些媒体平台更是为网络营销提供了有力的渠道。网络营销是现今行业内的一个热词，它指的是利用数字化的信息和网络媒体的交互性来辅助营销目标实现的一种新型的市场营销方式。

简单地说，网络营销就是以互联网为主要手段、为达到一定营销目的而进行的营销活动。如今，各行各业都在利用互联网便捷、强大的功能进行网络营销，活动也可以借助互联网的强大功能实现自身的营销目标，扩大营销成果。

媒体平台为活动营销提供的便捷之处主要表现在3个方面：降低成本、提供渠道、满足个性。

（1）降低成本

网络营销使企业产品的销售成本和上市价格能够大幅降低，为企业节省了巨额的促销和流通费用，这也使得众多企业开始进驻网络营销领域。网络营销得到了大量新鲜资本的注入，自然开始变得活跃，网络营销活动也逐渐变得成熟和丰富。后入驻的企业因为有了丰富的网络营销经验作参考借鉴，其在网络营销活动的探索成本也得到了降低。并且在互联网购物的大环境下，网购消费者倾向于价格低、品种全的平台，而互联网营销活动正好可以满足这两点，这使得互联网上开展的营销活动易于被消费者接受。

（2）提供渠道

互联网为企业的营销活动提供了丰富的营销宣传平台，企业可以通过互联网上的社交媒体平台或门户网站投放营销广告，如图3-3所示。

图3-3　社交媒体平台上的营销广告

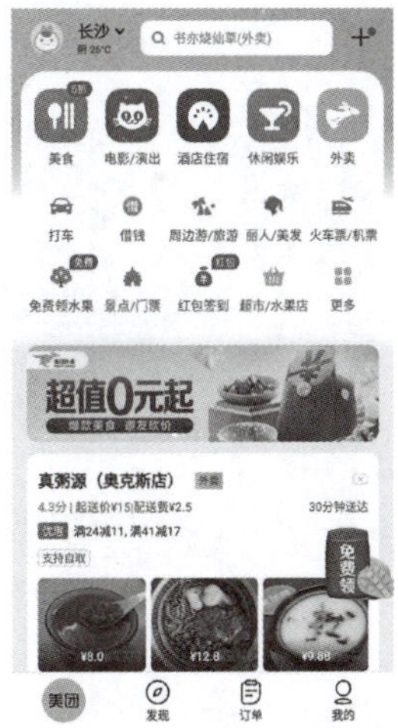

图3-4　互联网上丰富的营销渠道

互联网还为企业提供了便捷的销售渠道，如电商平台、微商平台，甚至企业还可以定制自己的APP，如图3-4所示。这些销售渠道不仅可以使企业能够快速、直接地得到消费者的反馈，还可绕过中间商，减少产品流通环节，产品流通的成本随之降低，企业能直接向消费者宣传品牌价值，扩大营销效果。

（3）满足个性

以消费者为主导是网络营销的最大特点。在网络上，消费者拥有极大的选择自由，消费者可根据自己的个性特点和需求在覆盖全球范围的网络中寻找消费需求的满足，而不受地域限制。面对消费者如此多样的个性化需求，营销活动也要提供多样的个性化服务，这样才更容易向消费者传递品牌价值和吸引消费者消费。

凭借网络强大的功能，网络营销正好可以满足消费者多样化的需求，如面对讲究实用高效的消费者，互联网可以提供快速选购并支付的途径。

对于注重产品评价的消费者，互联网可以提供顾客交流信息的平台，表达对该产品的自身感受，如图3-5所示。

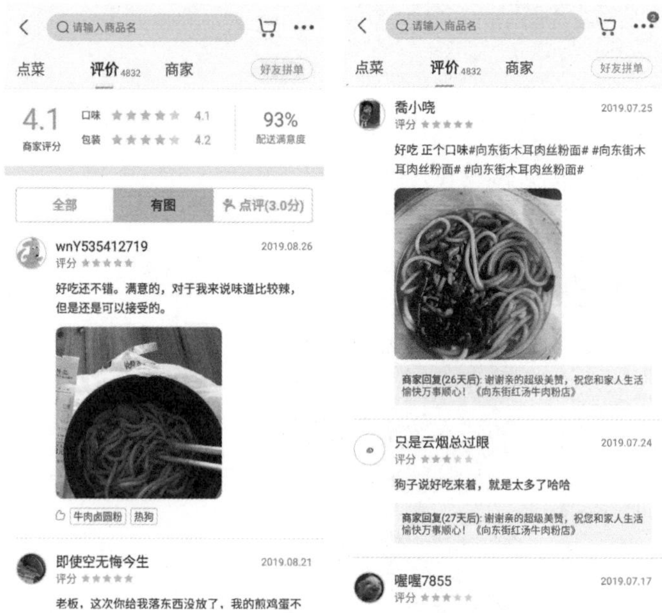

图3-5　顾客可在评论区交流信息

对于喜爱体验、有娱乐要求的消费者，互联网还可以提供趣味游戏，如图3-6所示。

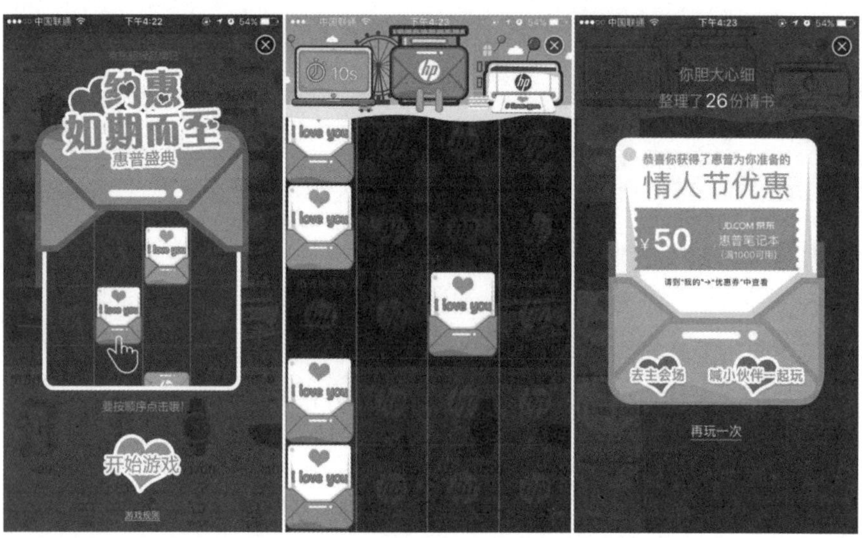

图3-6　网络营销活动中的趣味游戏

027 低成本投入：以降低经济资本为主导

互联网不仅方便开展活动，还降低了活动的举办成本。俗话说“一分钱难倒英雄好汉”，金钱对活动的影响是很大的。互联网对活动成本的影响主要表现在3个方面，如图3-7所示。

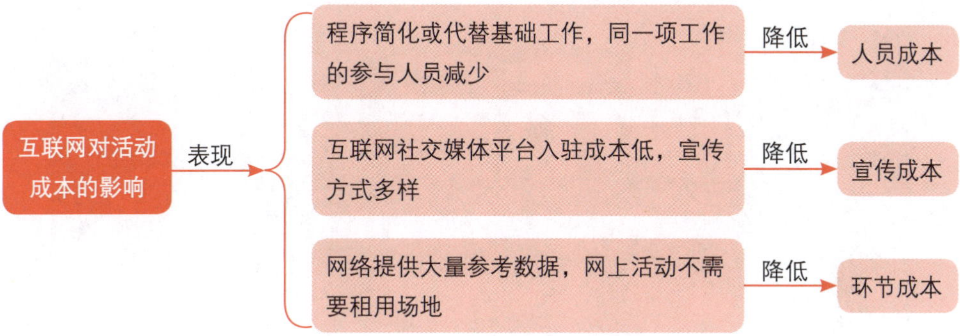

图3-7 互联网对活动成本的影响

成本降低，收益就会相应提高，这是经济学中的基本原则，但互联网对活动收益的提高不仅体现在降低成本这方面，还可以从其他方面获得，如图3-8所示。

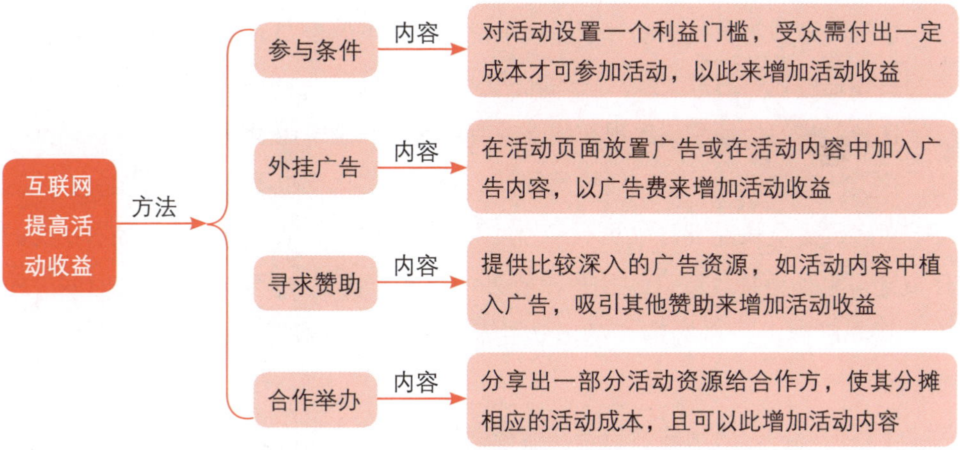

图3-8 用互联网提高活动收益的方法分析

028 收益更高：多种合作方式增加盈利

随着成本的降低，收益也会相应提高。下面就从上一节阐述的提高收益的4

个方面来分析互联网提高活动收益的具体表现。

（1）参与条件

活动一般都会有参与条件或要求，这是活动筛选受众的一种方法，也可以是活动盈利的一个环节。在商场超市中就经常可以看到用此方法来实现盈利的活动，如图3-9所示。

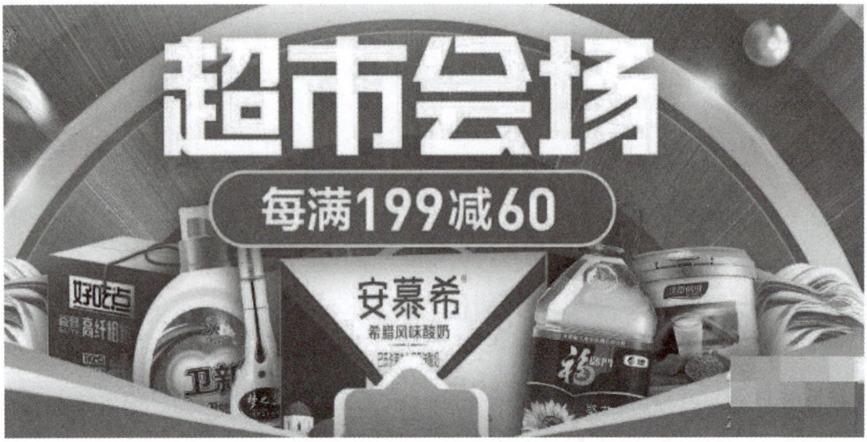

图3-9　超市活动宣传海报

这类购物抽奖送礼活动对于受众来说，参与条件是要满足一定金额的消费，参与目标是得到与消费金额对应的礼品或相应的抽奖机会。

这种形式的活动不仅出现在线下的商场超市，也常用于网络电商的促销活动中。这类活动赠送的礼品一般价值较低，中大奖的概率也不高，因此赠礼抽奖的环节对多数受众来说吸引力并不大。但因网络的辅助，活动中领取礼品和抽奖的环节变得更加便捷，受众不用付出额外的成本，比如领奖排队花费的时间。所以，在互联网上，本为噱头的赠送礼品和抽奖环节对受众的利益性吸引更加明显。

上述内容中，活动的参与条件本身就是活动的主要内容，所以多数参与受众即使没有获得大奖或没领到礼品也不会产生不满，对上述活动的参与者来说，重点是参与。但对有些需要支付一定费用才可参加的活动的参与者来说，重点就不是参与，而是收获，比如讲座活动、会员活动等。

例如，互联网中利用微信公众号发布购买会员卡的某影视公司，在活动说明中讲解了购买会员卡会有哪些福利等，如图3-10所示。

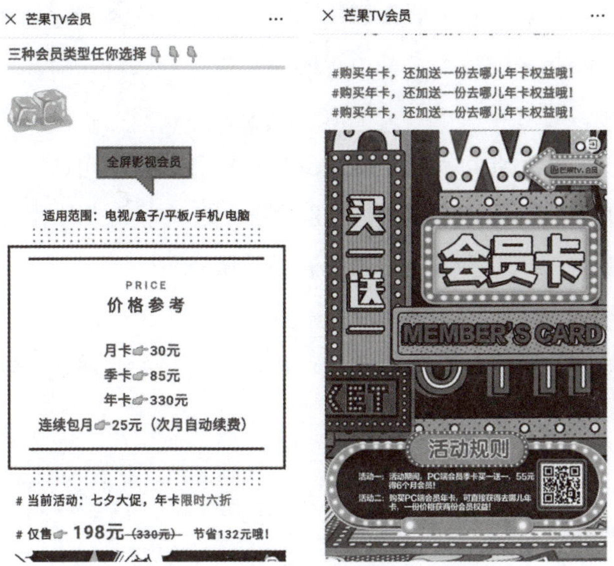

图3-10　某影视公司卖会员卡

此类活动实质就是在贩卖某种服务或者说某种体验，通常是受众对活动有比较深入的了解，明白自己的付出是可以得到想要的服务或体验。互联网正好为人们的互相交流与了解提供了很好的平台，大型社交媒体平台也对提供信息的准确性和真实性有着专业的要求与管控。所以这类活动一般都在各类社交媒体平台举行，主办方也多是在各平台有一定公信力和口碑的自媒体组织或个人。

（2）外挂广告

有一定知名度的大型网络活动很容易吸引大量的互联网用户，同时也容易吸引许多的广告机会。网站页面上的广告链接是十分常见的，它们通常作为网页版面的填充物嵌于网页之中，如图3-11所示。

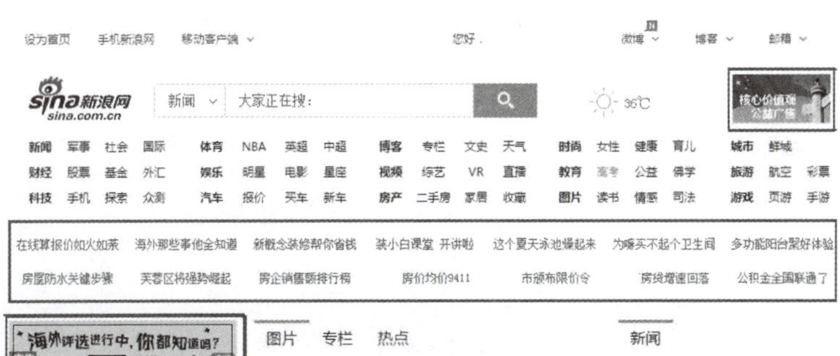

图3-11　网站主页的广告

在网页上嵌入广告，除了能提供给网站广告费的收入外，还帮助网页优化视觉效果，使网页看起来内容丰富。由于网页是可以跳转的，所以网页上的广告内容可以非常简短，通常只是一段文字信息或图文结合的一句广告语。

在电商活动的活动页面也经常能看到这种广告，但对电商活动来说，这些广告不仅有丰富页面内容、填充空白栏的视觉功能，它们常常还能作为活动的补充，提供一些受众可能需要但活动无法满足的服务。

如图3-12所示，这是某电商平台的主页，活动主页中的广告有女装促销、免单抢购等多种不一样的促销活动，受众可以根据自己的兴趣爱好选择不同产品的服务内容。

图3-12　电商平台主页上的广告

（3）寻求赞助

寻求第三方赞助一直都是活动增加盈利的好方法，有一定知名度的活动自然是不缺第三方赞助的。这些第三方的目的在于用赞助换取活动中的广告资源，通常利用在活动内容中植入赞助方的产品来达到广告目的。

（4）合作举办

对于有些活动来说，它们或是不具备相当的知名度，寻求第三方赞助可能有些困难，或是本身就具有相当强的盈利意味的促销活动，不太适合寻求赞助。这些活动的举办方就可以寻找同类商家，或者贩卖配套产品的商家，协商与它们联合举办活动。

例如，某电视综艺节目“最强大脑”的宣传活动，其由多家品牌联合举办。这样的方式既可以使每个品牌不用独立承担如此大规模促销活动的成本，又可以丰富活动商品的种类，扩大受众范围，还可以结合多家品牌的影响力来吸引受众参与活动。

029 门槛更低：网络设备创造便捷途径

线上活动与线下活动相比，最突出的优势就是门槛低。网络加快了信息的传播，足不出户就可以随时知道外面发生的事。线上活动可以充分利用互联网来进行宣传和引流，它不受地理位置、成本效益等其他因素的限制，大大增加了受众参与活动的便捷性。

线上活动最低的参与门槛，就是你在网络普及的社会中有没有一台配置要求不高，只要可以正常上网就行的设备。

线上活动门槛可以设置得如此之低，主要得益于2方面的原因，如图3-13所示。

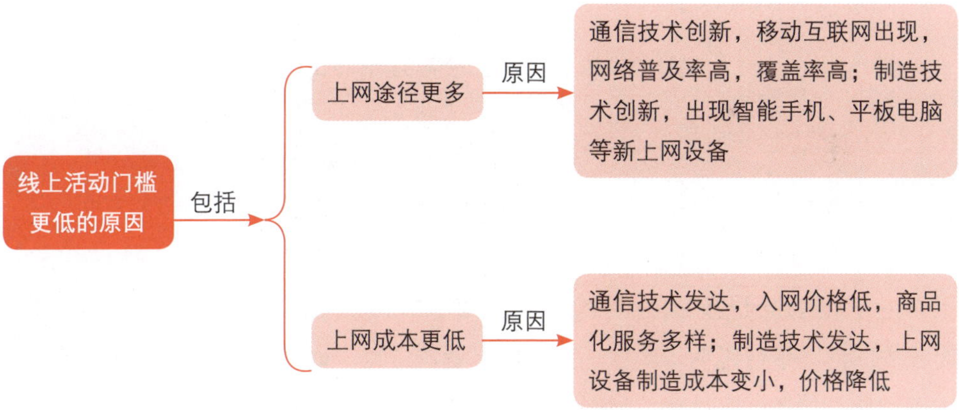

图3-13　线上活动门槛更低的原因分析

030 限制更少：网络科技环境不受限制

与线下活动相比，线上活动的限制更少，或者说被限制的更少，这主要是由2方面的原因导致的，具体分析如图3-14所示。

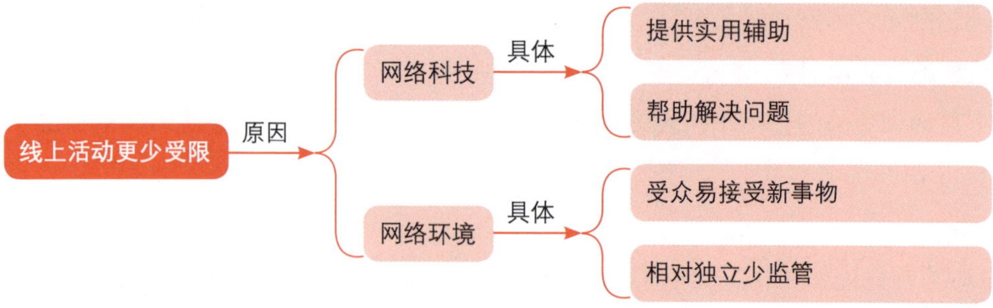

图3-14　线上活动更少受限的原因分析

线上活动凭借天然的优势，其相较于线下活动受到的限制更少。主要体现在以下3方面，如图3-15所示。

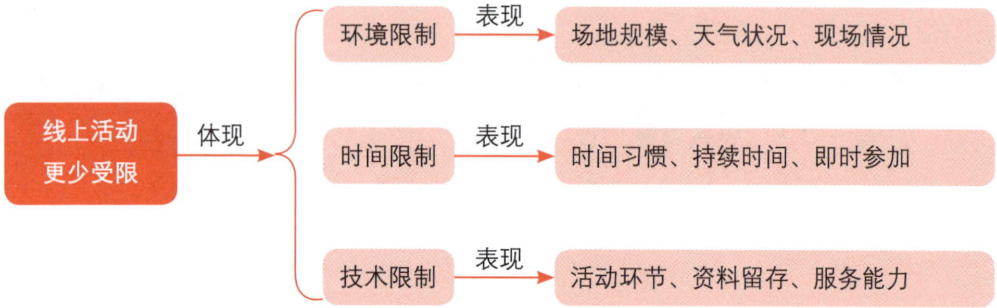

图3-15　线上活动更少受限的具体表现

（1）环境限制

环境因素一直是对线下活动最为直接的限制，主要表现在以下3个方面。

① **场地规模：**可选择的场地大小直接影响活动的规模，而线上活动就完全不必担心场地的问题。因为网络世界的承载量几乎是无限大的，活动主办方只需要预先向活动平台说明，预留一定的网络资源即可。而线下活动常常碰到这种情况，即使参与者有序排队，但因为场地有限，也只能排到大街上。

② **天气状况：**活动需要一个好天气来保障顺利进行，即便是在室内进行的活动，在面对台风、暴雨、大雪等恶劣的灾害性天气时也不得不退让。但线上活动就不会受到这个限制，因为网络世界中并没有天气的概念，不用担心不良天气影响活动受众的参与。

③ **现场情况：**活动现场的情况是线下活动关注的重点。由于现场人员复杂，不仅需要配备相关的工作人员去引导活动参与者有序地进行活动项目，还需

有保洁人员保持活动会场的卫生整洁，定时进行清洁工作。更需要有专门的工作人员维持现场秩序，防止不法分子进入活动现场进行偷窃、滋事行为。除此之外，还需要许多幕后工作人员处理各种突发状况和后勤，这里就不一一列举了。只有如此周密的现场安排，才能保障活动顺利有序地进行。而线上活动由于可以很好地结合各种互联网技术辅助活动进行，只需保证受众可以顺利参与并完成活动就可以了。

（2）时间限制

时间因素也一直制约着线下活动，时间因素对活动的限制主要表现在以下3个方面。

① **时间习惯：**现代社会的人已经不像农耕社会那样保持着“日出而作，日落而息”的作息习惯。每一个人都有自己个性化的时间分配，而线下活动只能去迎合大多数人的时间习惯。并且线下活动还要受活动场地附近群众的时间习惯的限制，不能影响到周围居民的正常生活工作。例如，某商家的促销活动打扰了附近居民休息因投诉而被执法人员勒令停止活动。线上活动就不需要担心这些，它可以不受时间、地点的限制。

② **持续时间：**如果一个商场要举行一场为期2天的促销活动，那活动的总时间并不会是48小时。因为正如受众有一定的时间习惯一样，活动的工作人员也有时间习惯，不可能不休息，商场也不会投入这么多成本去维持活动持续48小时。而线上活动就不一样了，由于线上促销活动有平台程序托管，受众不必刻意规划出时间来参加活动，活动期间随时都可以享受到活动的优惠。

③ **即时参加：**线上活动的自由度比线下活动高，参与受众不需要依据统一的时间标准去参加活动，而是可以随时参加，随时离开，这一点是线下活动目前不能实现的。

（3）技术限制

线下活动在技术方面的表现始终不如线上活动丰富，技术因素对活动的限制主要表现在3个方面，具体如下。

① **活动环节：**线上活动的环节总是能比线下活动更丰富，更有表现力。因为相较于线下活动，线上活动的环节设置更简单，切换也更灵活。如图3-16所示，这是某电商的活动页面，上面显示的不同版块可以随意切换，并且效果各不

相同，表现力十分强。

② **资料留存：**线下活动进行完之后活动场地要清场，如果不是特别重要的活动，活动资料也不会留存下来。但线上活动在结束后活动资料还会以数据的形式留存下来，如果日后对活动有什么疑问，也可以很方便地查询到。如图3-17所示，这是手机摄影构图大全公众号的图书出版征集照片的活动，通过这样的方式将一些作品保留下来，以后也会有迹可循。

图3-16　线上活动的活动页面

图3-17　线上活动的回顾页面

③ **服务能力：** 线上活动因为有智能化程序的辅助，所以服务能力要比线下活动强出许多。以促销活动为例，与线下促销活动不同的是，线上促销活动的参与受众不需要花费额外的时间成本去排队选购和排队付款。

031 传播更快：科技发展提高传输速度

当今世界没有什么东西传播信息的速度能和网络一样快，那就更不用说比网络传播速度更快的东西了。现在的互联网能有如此强大的信息传输能力主要得益于两个方面：一是通信技术的发展，随后信息传输速度提高，最后信息传播速度变快；二是计算机技术的发展，随后信息处理能力增强，最后信息传播数量变多。

线上活动比线下活动信息传播速度更快主要表现在3个方面：信息准备快、信息更新快、信息见效快。在互联网上进行的活动有着在发布活动信息速度上的绝佳优势。

首先，因为线上活动发布活动信息的准备环节要比线下活动精简许多，活动信息传播流程如下所示。

- 线上活动：页面截图→添加链接→点击发送→发布完成
- 线下活动：现场拍照→添加详情：制作商品详情文案→上传报纸、电视、广播等媒体→发布信息→发布完成

其次，线上活动相当于全程直播，受众可以即时进入活动页面主动查看活动情况。而线下活动只能让受众被动地接受活动信息，并且很难做到即时发布。

最后，线上活动信息的转化生效速度也比线下活动要快。因为线上活动在发布信息时可以添加活动地址的链接，所以受众在接收到活动信息后，如果对活动有了兴趣，马上就可以通过链接进入活动页面，参加活动。而线下活动的受众，如果不是在活动之前就准备好参加的话，一般都不会再去参加活动了。

032 范围更广：传播速度影响宣传推广

互联网对宣传推广产生了巨大的影响，网络可以让信息跨时间和跨空间传播，大大加快了宣传推广的影响速度。活动宣传是否到位是决定活动成功与否的先决条件，对活动来说至关重要。活动信息一定要快速及时并且准确无误地传递

给受众，因此，活动策划者进行前期宣传工作时一定要充分利用好互联网提供的帮助。

下面就来看看互联网对活动快速宣传的3个影响方面：信息发送、渠道选择、信息修改，其中信息修改很好理解，主要介绍另外两个。

（1）信息发送

信息传递的即时性一直是互联网平台相较于传统平台的一大优势，互联网对信息的即时发送，可以第一时间将活动的信息传递给受众，这对活动的前期宣传来说是十分重要的帮助。

宣传信息的滞后一直是活动宣传最为忌讳的一点，它会让活动宣传的效果大打折扣，因为活动的宣传工作不是将活动信息传递给受众就可以了。受众即使接收到活动的信息也不一定会去参加活动，受众可能对活动有兴趣，但缺乏足够的动力，最后选择忽略活动。

俗话说："三人成虎。"这是指一句没有根据的话，在被多次提及后就容易让人相信，这个比喻虽然不太恰当，但活动宣传也是需要反复向受众展示活动信息的。

例如，一个人看到了某一活动的信息，并对活动产生了一些兴趣，但他缺少参加活动的动力，如果他又看到关于这个活动的信息，那他原来的想法可能会有一点加强，反复多次，这个人就很可能想去活动现场一探究竟了。

这样的宣传效果通常只有在互联网上才能实现，电视、广播是让观众被动地接受信息，不可能频繁地发送同一段信息，而报纸杂志更新周期太长，明显无法实现这种宣传效果。

（2）渠道选择

互联网不仅可以让活动信息第一时间被受众接收，还可以同时被大量受众接收。互联网给活动提供了多种多样的宣传渠道，不同的渠道有不同的受众，活动的宣传信息可以同时在这些渠道中发布。这也就意味着活动可以同时对数量庞大的受众群体进行宣传工作，极大地扩大了活动的影响范围。

在这些渠道中，电商交易平台和社交媒体平台最为重要。在电商交易平台上，活动可以直接向有消费习惯和消费能力的受众进行宣传，非常适合促销活动的宣传工作。而在社交媒体平台上，用户更愿意接收和发掘信息，也十分乐于分享信息，这是互联网上传播信息最好的地方，也是活动进行宣传工作的绝佳场所。互联网社交媒体平台几乎已经覆盖到了网络世界的每一个角落，全世界已有数量庞大的互联网社交媒体存在。

活动宣传信息在这些互联网社交媒体平台发布不仅可以让大量受众接收了解，还可能被受众主动传播到各处，获得预期之外的影响，如图3-18所示。

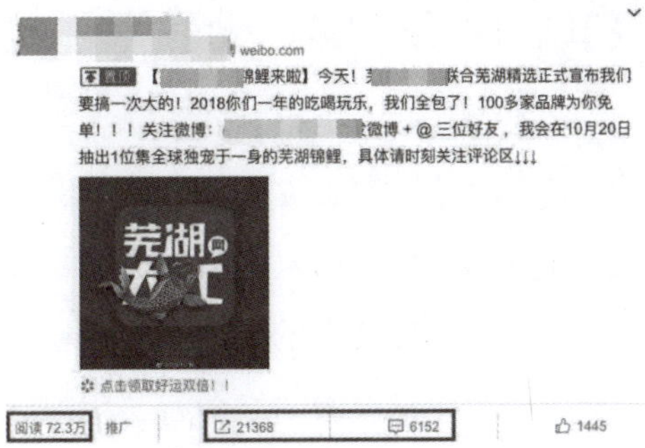

图3-18　活动在社交媒体平台被大量转发传播

033 规避错误：信息修改能及时生效

信息修改是指互联网上信息的修改、更正可以及时生效，这是互联网提供给活动宣传的一个十分关键的便利和帮助，虽然它不经常被使用，但在关键时刻却能发挥极为重要的作用。如图3-19所示，这就是在互联网社交媒体发布的活动信息。

图3-19　活动在社交媒体平台上发布或开展

除了这些社交媒体平台活动配套完善、举办方便、活跃用户众多、容易吸引参与者等理由外，选择在社交媒体平台发布信息的另一个理由就是活动变更的信息可以即时发布。

变更信息的发布可以让准备参加活动的受众第一时间知道活动举行日期延后了，避免这些受众在原定的日期前来参加活动却扑了空，进而对活动产生不好的印象。也让之后的受众不会接收到错误信息，从而产生不必要的误会，避免活动主办方信誉的进一步流失。

034 数据更准：大数据驱动替代经验运营

随着产业的发展，任何企业都会迫于行业环境的改变而相应地改变自己。因此，企业的活动也需要作出相应的改变。

在信息高速传播的今天，行业环境也在迅速变化。传统经验快速过时，经验已成为阻碍正确决策的绊脚石，用户的个性化需求越发明显，数据信息也变得海量。一切都驱使企业从依靠经验驱动运营发展转向依靠数据驱动发展，而活动也需要顺应企业发展趋势，越来越多地依靠数据分析去进行策划。

在信息时代，数据的作用十分重要，如阿里、腾讯、百度等大型互联网企业都建立了属于各自的数据库。不同行业也有不同类型的数据库，如电商平台的购销安全系统、社交平台的多端信息共享系统，其中购销安全系统包括以下3点。

① **权限控制：**存取控制、身份认证。

② **信息加解密：**图表内容加解密、记录内容加解密、字段内容加解密。

③ **密钥控制：**密钥生产、密钥分配、密钥保护。

在变化迅速的互联网行业中，大数据的作用显得更加重要。大数据的特点主要有5点：大量、高速、多样、价值密度高、真实。下面就以电商促销活动为例，具体分析大数据对活动策划的帮助，如图3-20所示。

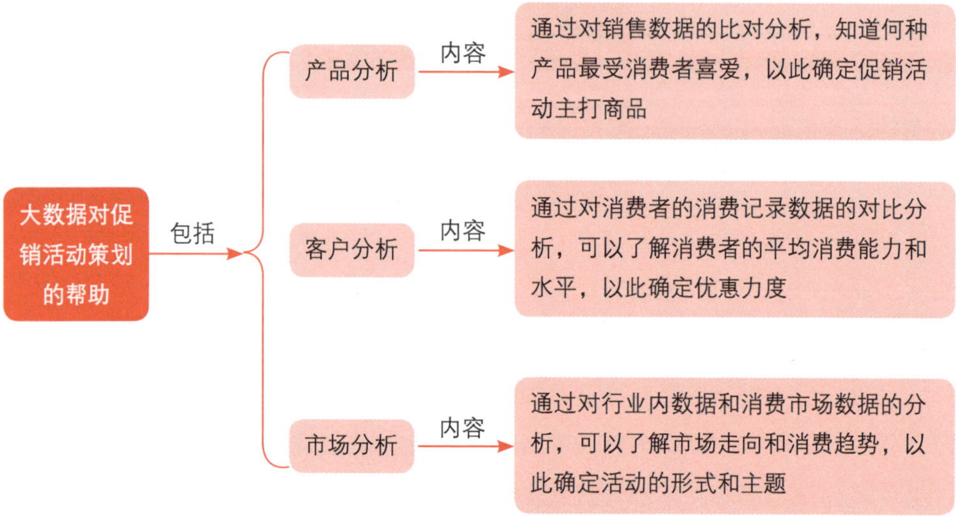

图3-20 大数据对活动策划的帮助

035 人员更优：智能化技术提高效率

随着智能化技术的不断发展与应用，许多基本的、单一的工作已经能用机器或程序代替人来完成，如工厂车间自动化生产流水线。这些生产单位在使用了智能化技术后，最直接的改变就是工作人员有了明显的减少，效率有了明显的提高。

智能化技术本就是从网络科技中发展出来的，其与互联网的结合自然也是最为容易和高效的，因此活动策划的许多工作可以由程序代为完成。这直接使活动策划团队的工作执行变得简单，执行能力得到加强。

又如各大电商平台提供的智能客服服务，如图3-21所示。在活动参与者数量众多的情况下，有了这些AI人工智能的帮助，原本需要大量人员组成的策划团队才能完成的活动，现在由较小的策划团队就能完成了，如果使用的是高智能的AI人工智能，完成效率会更高。

图3-21 智能客服

从事基础工作的人员被程序或AI人工智能代替后，活动策划团队留下的人员从事的都是无法被替代的工作，或者说在短时间内无法被替代的工作。互联网对活动策划团队的人员组织结构产生了影响。受到该影响，活动策划团队中容易留下3种类型的人：独特技术人员、主策划、综合素质强的人员。

这些容易被留下的人员，往往是活动策划团队的核心人物，他们的竞争对象一般不是团队内的其他成员，而是其他活动策划团队。在活动执行能力被强大的互联网技术拉到差不多的层面时，活动面临的竞争就是策划水平上的高低了。

在互联网环境中，活动策划团队的竞争必然会导致团队更加精简，素质更加优秀，活动的策划水平也会越来越高。

036 引流更强：突破限制吸引更多流量

网络世界有着现实世界无法比拟的流量吸引能力，这主要是两方面的原因：突破地理空间限制、综合多种表现形式。基于网络平台的线上活动正好可以依靠互联网的强大引流优势为自身吸引流量，具体分析如图3-22所示。

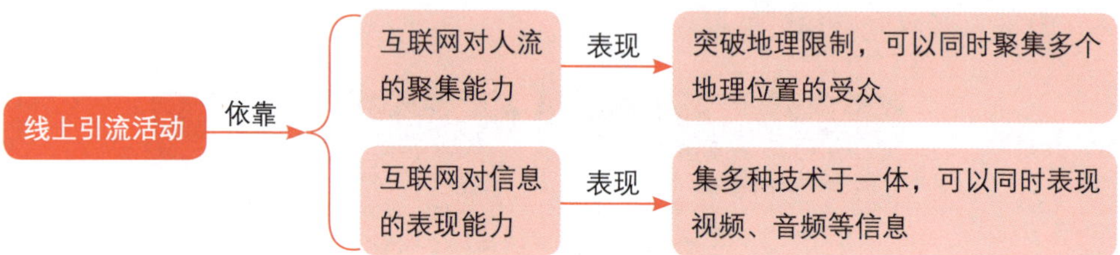

图3-22　线上活动引流更快的表现

第4章

10个基础：熟悉产品与市场

没有经过市场调研的活动策划方案很可能会偏离活动本身的目的，熟悉产品和市场是活动文案编写的必要前提。

本章主要从活动文案的编写出发，对相关的市场调研进行分析，对市场调研类活动文案的创作进行探讨，并认识到市场调研对于活动策划的重要性。

037 活动市场：通过调研明确活动目标

对于活动策划者而言，每一个优秀的活动文案在最初都只是一张白纸，需要创作者不断地添加内容，才能够最终成型。要想更有效地完成任务，就需要对相关的工作内容有一个完整的认识，相关分析如图4-1所示。

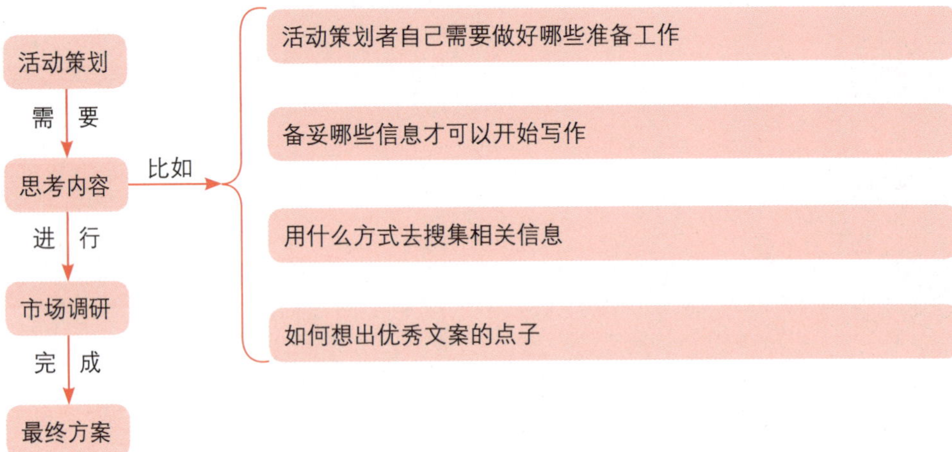

图4-1　相关工作内容的认识分析

活动策划者在创作活动文案前的构思和规划固然十分重要，但前期的市场调研也是必不可少的。**市场调研的目标主要是各种数据、资料、信息，比如销售额、市场份额、盈利问题等。**要想完成市场调研，同样需要一定的技巧，遵循相关步骤。前期的准备工作主要集中于3个方面，如图4-2所示。

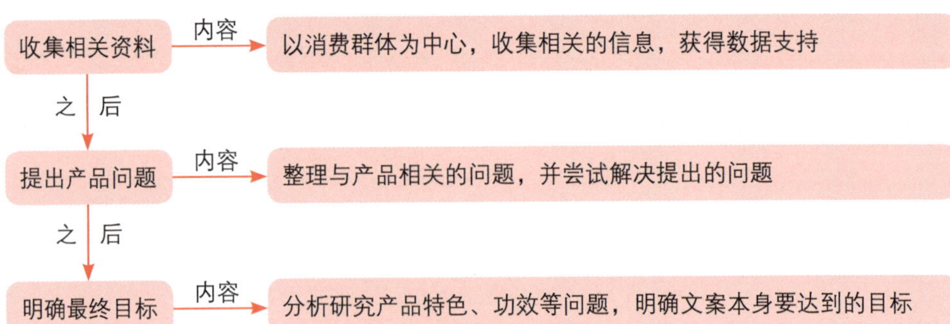

图4-2　前期准备工作集中在3个方面

（1）收集资料

对于活动策划者而言，需要在调研前期收集的资料有很多种类型，其中较常见并且有一定借鉴意义的有企业或产品宣传册。如果活动策划是针对已经生产的产品，那么相关的背景资料都需要搜集起来以供参考，大致内容如图4-3所示。

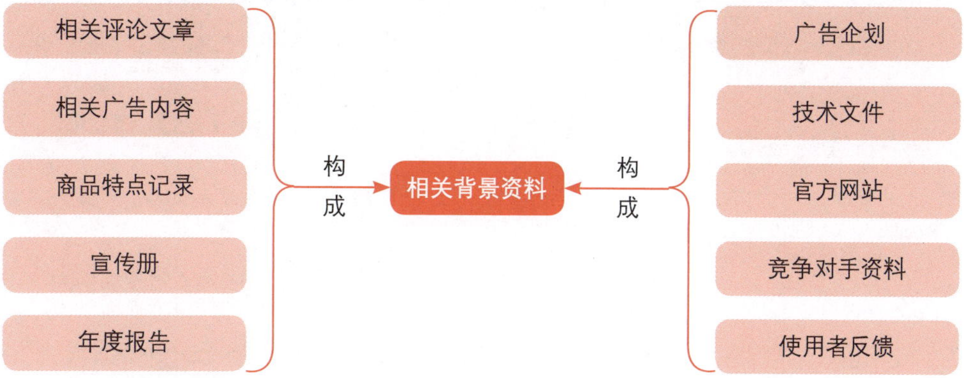

图4-3　相关背景资料

在网络时代，从网络上搜索产品信息，并进行分析整理，是活动文案最为常见的写作技巧。因此，**花费一定的时间去打印资料、阅读网站信息或产品信息，能够在活动策划文案的写作过程中获得事半功倍的效果。**比如，在搜索引擎中通过关键词搜索，来获得更多适合用在活动策划中的重要信息，善于使用网络工具是活动策划者必备的技能。

（2）提出问题

为了更好地整理信息，一般情况下分析与产品相关的问题时，会列出完整的清单，以便及时有效地查找相应资料。**在诸多问题中，产品的特色跟功效是主要被关注的，也是宣传重点。**一般选择3～4个功能进行解说即可。图4-4所示为电饭煲的相关解说。

图4-4　电饭煲的相关解说

根据实际情况来分析，策划活动需要了解并提出的相关问题主要有如图4-5所示的几个方面。

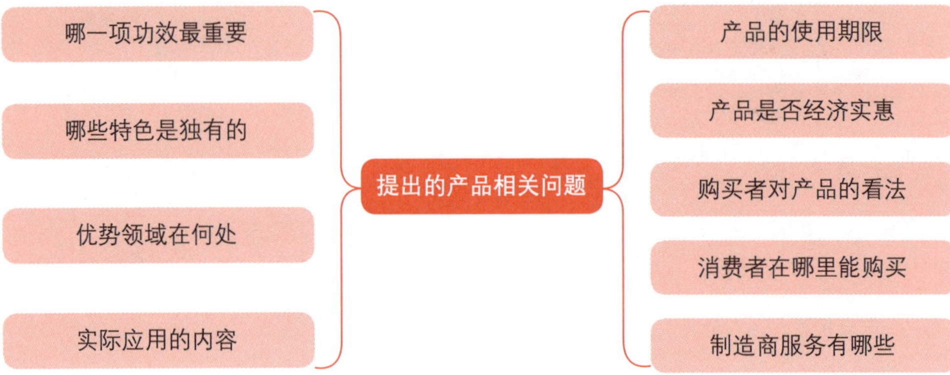

图4-5　提出的产品相关问题

（3）明确目标

活动文案根据目标的不同会有不同的创作方式，在市场调研的准备工作中，明确最终的活动目标是重要环节，常见的活动目标有：选择潜在用户、增加产品流量、保持客户联系、传达产品信息、建立品牌认可、回答客户问题。通过对目标分类再从中选择中心目标，同时明确产品的主攻市场和实际作用，进而确认活动策划创作的顺序和准确性。

一个活动文案可以只有一个中心目标，比如传达产品信息，也可以同时有多个中心目标。如图4-6所示，以某互联网在线教育的广告文案为例，其目标只有一个，就是增加移动电子商务课程产品的流量，并且展示服务范围。

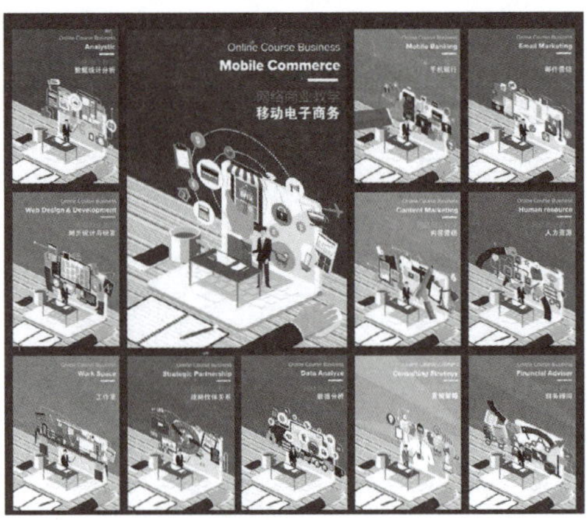

图4-6　互联网在线教育的广告文案

038 策划分类：掌握调研类活动文案

在调研方面，除了广告宣传需要进行调研、收集数据信息之外，调研本身也属于活动文案的一种，实际应用比较广泛。比如一些公司在开发新项目或研发新产品之前，都会先进行市场调研。调研类活动文案主要分为如图4-7所示的4个方面。

先了解调研类活动文案的分类，再进行相关分析，最后运用到实际生活中去，这样才能全方位掌握调研类活动文案。

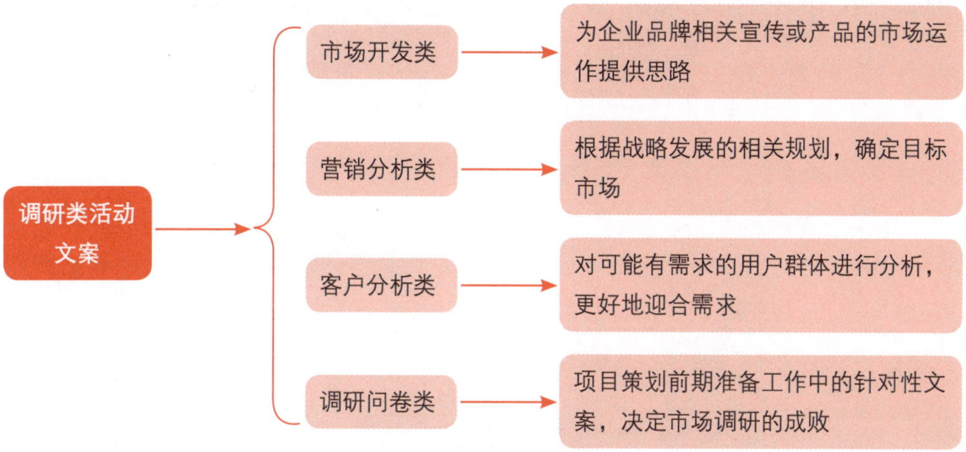

图4-7 调研类活动文案

（1）市场开发类

市场开发类活动文案是企业直面竞争的有效手段，需要遵循市场的发展规律，在内容上主要分为6个方面：市场企业现状分析、活动策划的目的和意义、活动运作时间、具体的行动计划、运作方法和流程、宣传活动以及预算。

从企业的角度出发，针对不同的市场，采用的开拓策略也不尽相同。在市场开发活动中，根据组织的市场调查，可以持续地收集反馈信息及使用情况，及时调整营销策略。

在市场开发类活动文案中，创作重点主要集中于选择准备进入的市场，以及相关的后期安排。活动文案的内容包括由市场规模决定竞争状况，再根据入场难度制定运作内容，其中，市场规模又可分为直辖市等一类市场、地级市等二类市场、规模适中三类市场和县城级等四类市场。

（2）营销分析类

营销分析类活动文案是用于确定目标市场之后，选择相应的市场营销策略组合来实施和控制的计划，在内容上主要分为产品营销分析、价格营销分析、渠道营销分析、促销营销分析、环境营销分析、受众营销分析。

营销分析类活动文案根据要求的不同，体现的内容重点也有所不同。从目标来看，主要是提高企业营销资源的利用效率，使企业资源能够得到最大化的利用，具体实施在于针对目标市场制定经营策略。

在营销分析类活动文案中，创作重点主要集中于3个方面，分别是选定目标市场、制定市场营销的策略以及注意相关问题，具体分析如图4-8所示。

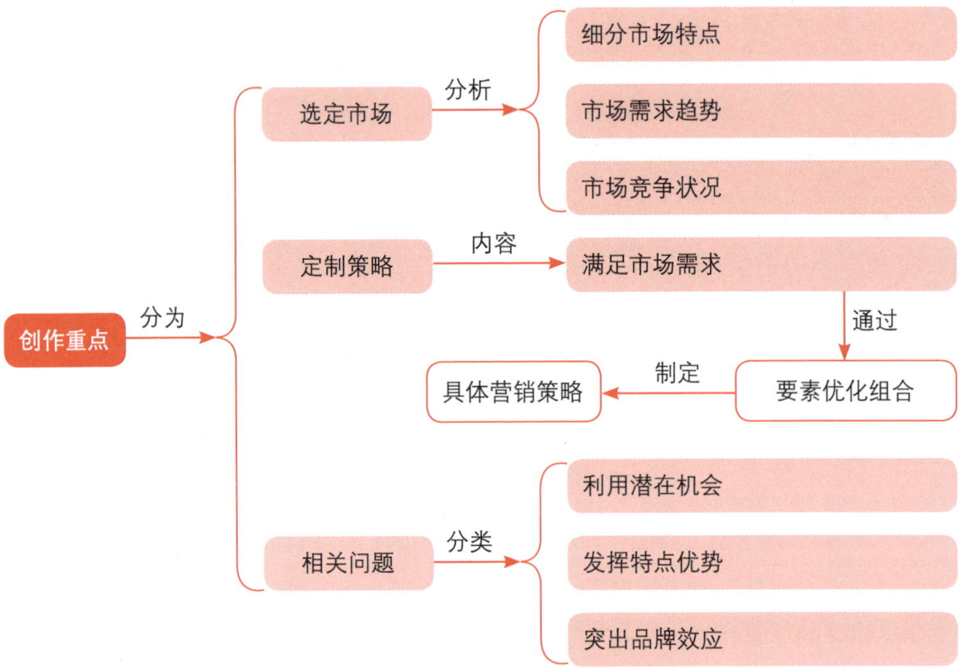

图4-8　营销分析类活动文案的创作重点分析

（3）客户分析类

客户分析类活动文案是产品进入市场之前就需要完成的工作，在整个销售过程中也需要持续关注，并及时改进。在内容上主要是根据消费者的购买行为进行分析，包括两个方面：客户心理活动、客观物质活动。

客户分析要发现的问题主要是对客户消费能力的分析和对产品质量的反馈。

就目标受众而言，与客户相关的主要有：对产品的偏好、购买频率提高的可能、影响他人的可能、对其他品牌的态度、对本产品的态度、未满足的相关需求。在客户分析文案中，创作重点主要集中于3个方面，分别是市场需求、受众分析和潜在受众分析，即从市场需求角度分析客户消费同类产品时的特点；从受众角度分析不同群体、行为和消费态度；从潜在受众角度分析潜在受众的特征、行为和购买潜力。

（4）调研问卷类

调研问卷是市场营销的必要环节，对于搜索信息资料有着重要作用。在前期的准备工作中，如果没有有效问卷信息的支持，营销策划和市场操作就没有规则可遵循。

从实际的应用来看，问卷调查也是市场营销调查中最为有效的一种方法，其问卷设计属于重要的部分，直接决定了市场调查能否成功。从问卷本身出发，相关内容分析包括：设计问卷类活动文案、符合目标用户行为、确保信息准确程度、要求内容与主题相合，其中信息形式可为风格简约、内容扼要、全面表达等。

根据行业和问卷调查方向的不同，问卷设计在形式和内容上也有区别。针对调研问卷本身，一般需要注意如图4-9所示的几个方面。

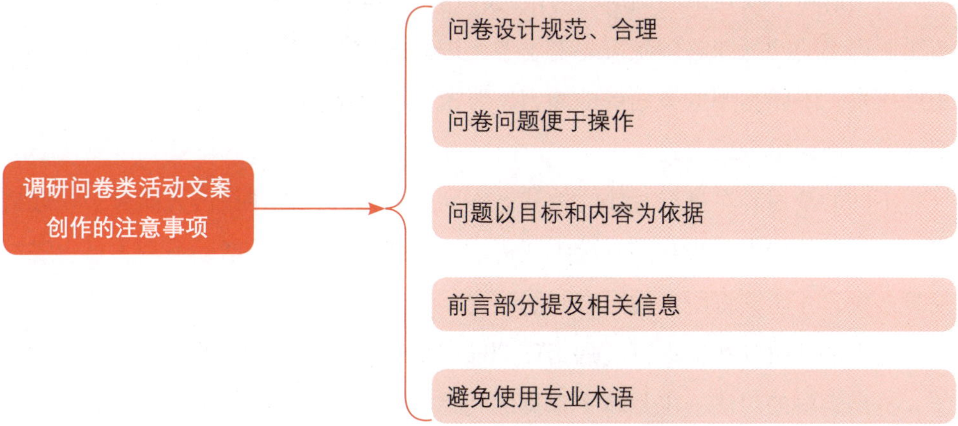

图4-9　调研问卷类活动文案创作的注意事项

设计问卷的目标是收集市场信息，在问卷设计过程中，只有把握了目的和要求，才能更好地获得有效信息。

039 活动信息：用文字编汇创造销售力

活动策划者的工作，主要是通过构建字句和想法，从而让产品等达到预期的销售目标。在具体的创作过程中，活动策划已经有一系列的标准步骤，用于更好地让文字创造销售力。文案创作的5个步骤为：根据情报提炼信息；寻找创新写作模式；列出详细问题清单；善于联合合作对象；倾听别人相关建议。

（1）提炼信息

情报主要来源于调研阶段，提炼的信息直接应用于活动策划。主题资料来源于信息搜索、市场调研、专业资料、沟通交流，它的主要作用为熟悉内容、综合分析、实际应用、内容升华，进而提炼出重点、有用的信息，是活动文案创作的首要步骤。

（2）创新写作

文字的创新往往就在于想法的不同搭配，尤其是与图片的组合创造了更多可能。**在活动文案的写作模式上一般可以分为3种，分别是文字创新、图片创新以及平实的文字和平实的图片组合后产生的创新效果。**

（3）列出清单

列出清单不仅在市场调研时有决定作用，在写作过程中也有着较大的帮助。清单所列出的问题能够刺激策划者思考，进而成为新想法的出发点。从策划者的角度出发，不同类型的策划者的能力、要求、特点不同，这会导致出现不同的清单内容、不同的思维方式。

不同的策划者在进行写作时的状态不同，写作方式也往往因人而异。一般情况下，文字的创作很难在一开始就获得成功，即使是优秀的活动策划人员也需要反复多次，才能够将所有的元素归纳到位。

对于活动策划新手而言，列出详细问题清单更加必要。除此之外，写出烂句子、提出蹩脚的想法，也是新手常见的问题。尽管内容或许并不是很多，但是从全面的角度出发，搜集的背景资料应该远多于活动所需。

（4）联合对象

在活动策划人员需要联合的合作对象中，美工是至关重要的一个部分，关于美工的相关分析如图4-10所示。

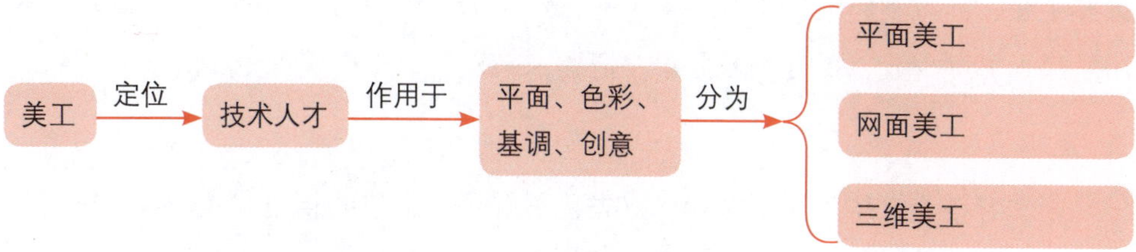

图4-10　关于美工的相关分析

术业有专攻，对于活动策划人员而言，善于联合合作对象是完成活动策划任务的必要步骤。没有美工的帮助，即使活动策划人员写出非常优质的文字或内容，也很难达到预期的效果

（5）倾听建议

即使是大侦探福尔摩斯，也同样需要华生医生在某些时候提供帮助或者意见。对于活动策划人员而言，在写作过程中或者完成后倾听别人建议，可以建立更融洽的工作关系，但注意要有选择性地接受建议，保留个人想法，这样才能集思广益、创造想法。

所有的步骤都是为了创造更好的活动方案，通过汇集有用的信息，来帮助策划人员进行深层次思考。

040　创作重点：以企业定位为基础条件

无论是对于产品，还是对于企业，定位往往是至关重要的。本节主要针对定位类活动文案进行分析，深入了解不同定位的活动所起的不同作用，主要从认识自身、明确受众和品牌目标3个方面入手，如图4-11所示。

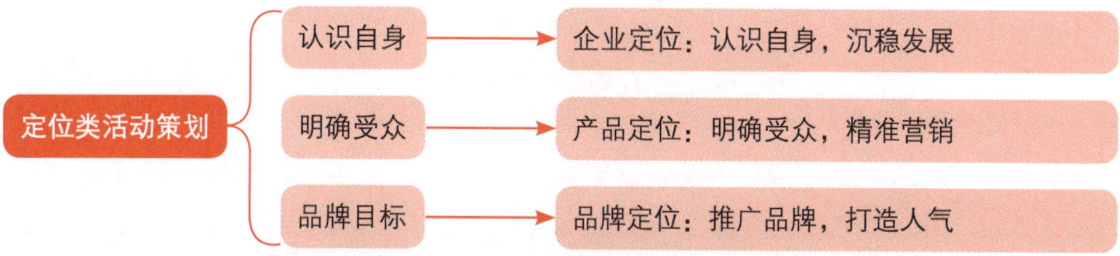

图4-11　定位类活动策划的三个方面

企业定位类型的活动主要面向两种企业，分别是新创企业和正处于扩张期的成熟企业。针对不同类型和规模的企业，定位的内容也有所不同。企业定位的作用是深入了解企业、提升企业形象、把握未来发展，进而实现企业的前景规划。

（1）具体内容

要学习企业定位类活动策划，首先要了解企业定位的相关定义。企业定位是基于客户的需求，通过产品展现企业独特个性和良好的企业形象，从而影响消费者的心理。

企业定位与产品定位、品牌定位的关系十分密切，尤其是对于初创型的企业而言，三者一体化的程度比较高。**企业定位是其他定位的基础条件，在企业定位内容中，也会对其他定位有所涉及。**

需要注意的是，不管是初创企业，还是成熟企业，企业定位的4个要素是确定的，具体如下。

① 客户分析：能够为客户提供哪方面的服务。

② 获取价值：如何获得盈利并确保企业的长期发展。

③ 战略控制：判断对手力量和市场环境。

④ 产品本身：企业从事的经营活动，及相关产品信息。

（2）创作重点

不同的企业所处的发展期不一样，所以要考虑本企业位于一个什么样的高度，是领导者还是挑战者，是行业内的专家型企业，还是正面临着困境，不同处境决定了创作重点的不同。

如果只是从活动文案的4个主要因素出发，常见的活动文案创作重点可分为如图4-12所示的9个方面。

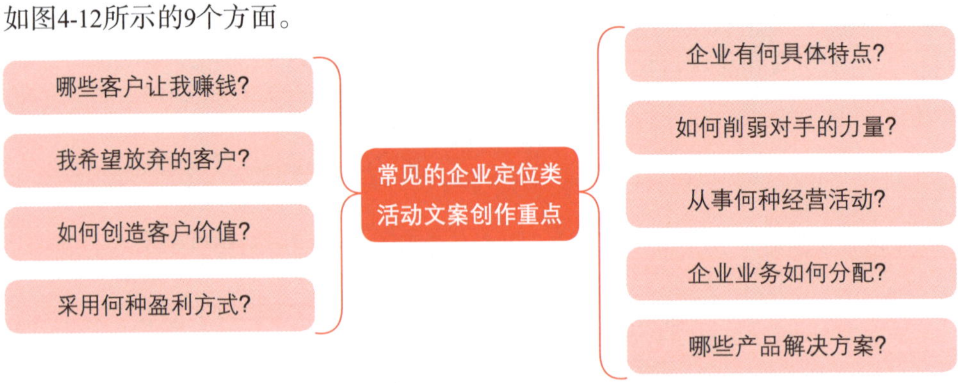

图4-12　企业定位类活动文案的创作重点

在实际的活动文案创作中，创作重点不一定完全根据这9个方面进行，活动情况不同，侧重点也有所不同。

041 理念核心：以产品定位满足市场需求

在碳酸饮料行业，可口可乐和百事可乐在竞争中选择的产品定位就很值得借鉴。作为配方类似的饮料，如何在产品定位上区别于对方，成为了两种品牌始终在琢磨的事情。

可口可乐的定位是激情、动感，而百事可乐的定位则是青春、时尚，两者的品牌理念是不一样的。**产品定位需要根据不同的发展阶段、不同的发展目标和环境来进行及时更新。**

需要注意的是，在当前市场，尽管大部分人认为产品定位和市场定位区别不大，但实质上，两者不是同一个概念，在明确受众方面有着明显不同。市场定位是企业对目标消费者进行分析，或对目标消费者市场进行选择；而产品定位是确定什么样的产品来满足目标消费者或目标消费市场的需求。

（1）具体内容

要了解产品定位的内容，首先需要了解产品定位的相关定义：针对消费者对产品属性进行塑造，打造成有个性的产品或树立产品市场形象来进一步影响消费者。

对于企业本身而言，产品定位可以从两个方面考虑，首先考虑与产品相关的特色。无论是产品的实体特色还是从消费者的心理所反映的特色，都能够作为产品定位内容。当产品特色并不能够完全成为产品定位的唯一标准时，比如百事可乐和可口可乐的产品特色几乎是一致的，**那么就需要从竞争对手的产品定位特色出发，尽可能通过差异化打造市场。**

（2）创作重点

产品定位类活动文案一般出现于产品设计之初或产品推广的过程中。从内容来看，主要是通过广告宣传或其他营销手段，将产品的形象逐步在消费者心中确立起来，为消费者选择产品时提供思维上的决策捷径。

活动文案的创作重点需要根据产品定位的最终目的来定。因此，除了对产品

本身的定位分析之外，往往还有相对应的营销定位等分析。从整体内容的定位上分析，创作重点主要集中于以下5个方面。

① 目标市场：重点关注目标市场状况和环境因素。

② 产品需求：展现产品的实际需求情况并分析。

③ 产品改进：针对改进内容进行深入分析。

④ 差异体现：突出独特点和产品内容的特色之处。

⑤ 营销定位：从目标出发，分析实际营销情况。

在不同的产品定位类活动文案中，创作重点也不相同，但是作为一份成熟的产品定位类活动文案，往往包含以上5个重点。另外，产品本身也存在不同的创作重点，这需要根据产品的属性来定，如功能属性、产品线、外观包装、外观卖点。

042 内容锤炼：以品牌定位实现执行力

不同的行业有着不同的品牌，比如奢侈品牌路易·威登等。品牌建立后能够给产品带来更高的利润和无法比拟的影响力。

对于任何产品，品牌的定位都是一个比较复杂且重要的过程。品牌的定位并不是简单地树立口号，尽管品牌建立之后都会有一个标志性的口号用语。**品牌定位的实现在于企业的执行力，品牌定位属于品牌阶段性发展的基础阶段，所以定位类活动策划的内容就显得格外重要。**

尤其需要注意的是，对于企业而言，品牌往往是独一无二的，在定位内容上也不应有过于广泛的涉及，否则往往“贪多嚼不烂”。以享誉世界的星巴克咖啡为例，在可拥有的多种咖啡形式上，星巴克的品牌定位只有6种。

品牌定位与企业定位和产品定位不同，它属于更深层次的内容。**品牌属于在文化取向及个性差异上的商业决策，主要用于建立一个与目标市场有关的形象的过程和相关结果。**

品牌定位的最终目的，就是树立消费者的潜在认识，将产品打造为品牌效应，积极引导消费者的消费行为。

品牌定位类活动文案的中心就是品牌定位，在内容上主要是根据品牌定位的相关维度组织文字，再由活动策划人员完成活动文案创作。

043 策划形式：用产品卖点决定市场未来

无论是否是新品，卖点都是产品销售的关键，只有卖点能把产品变成商品，实现获得利润的根本目标。**尤其是新品，卖点更是直接决定了产品在未来市场的生死。**

（1）说明受众需求

在活动文案创作之前，首先要了解需求说明类活动的对象，也就是受众。

一般情况下，新品的需求说明类活动文案的受众并不是产品的直接受众，内容也并不是为产品的直接受众所准备的，从产品前端和审核两个方面出发传输给活动的受众。

① 产品前端：产品运营商、销售人员、相关同事。

② 审核：直属上司、产品设计商、测试人员。

不同产品的要求不同，需求说明也会根据团队和产品的实际情况来确定详细程度。比如，在互联网产品的需求说明中，削弱文档的沟通能力，加强团队的直接交流，进一步简化流程，实现互联网化的快速反馈、快速迭代等。这种情况下，需求说明类活动文案的内容会极大简化。

除了内容上的重点，还需要注意的是活动文案本身的可修改性，需求说明类活动文案的修改情况比较突出，在创作过程中需要进行多次修改才能够达成最终目标。所以相关文字会用不同颜色的字体来进行辅助，在最终提交的活动文案中进行统一处理。

（2）说明产品信息

产品说明属于较为常见的产品相关文案类型，主要是以文字的方式对某产品进行详细表述，使人能够更好地认识和了解某产品的相关信息。

一般情况下，作为新品的产品说明类文案，其阅读者是销售人员、运营商和最终的产品用户。

在创作文案之前，要对产品的相关说明内容进行整体把握，同时产品说明文案的内容要实事求是，不可为达到某种目的而夸大产品的作用和性能，这是制作产品说明文案的职业要求。

在文案创作之前，活动策划者需要了解相关产品的具体情况，并明确相关产品内容主要包括10个方面：相关性质、产品名称、产品用途、具体性能、工作原理、使用方法、主要构造、保养维修、不同规格、注意事项。

对于新品而言，产品的说明文字主要是针对产品的最终用户。**在内容上要求语言简洁，开头部分常常用概说的方法简要地阐明其性质特点，有的甚至全文都用概说的方法。**

需要注意的是，根据不同产品的功能、用法，其产品说明文字的写作方法也有较大的区别，产品文字说明的写作语言应该文字简洁、内容通俗、表达准确，在结构上应该条理分明、先后有序、重点突出、全面表达。

（3）说明服务详情

服务说明文字往往与产品说明文字共同使用，主要是服务行业向相关用户介绍自己所提供服务的性质、对象、收费情况，及申请或使用这种服务的办法、条件等。

对于新品而言，服务说明的重要性需要根据产品的实际属性来定。**一般情况下，内容是由产品相关服务直接导向最终受众的。**

（4）说明使用事项

使用说明文案也可以称作使用手册或用户使用指南，是常见的便捷式的产品信息集合体。

相比于其他的新品内容说明，使用说明文案就显得多种多样，其写作格式也不拘一格。其涉及的产品领域，也从虚拟到现实不定，但其整体上的目标是一致的。

新品的使用说明根据产品属性的不同，难易程度也有所不同。现代社会，产品极大丰富，种类繁多的同时功能也较为复杂，大众接触各种产品及其使用说明书的机会比较多，所以要想使使用说明文案更全面，是有一定难度的。

044 策划内容：用产品价值打造活动卖点

在这个追求创新的时代里，打造卖点甚至比抓住卖点更为重要，但从层次上

来说，打造卖点是以抓住卖点为前提的。

大众喜欢独特的东西，这种大众心理是活动策划人员必须要了解的，因为其在市场营销中也同样存在。如果产品相关的文字与大多数的产品一样，那么产品就不会受到关注，买的人也不会多，也就卖不出好价钱。

对于新品而言，打造卖点并不是一朝一夕的事情，需要从多个角度共同打造。**即使产品有着独一无二的价值，也不能缺少文字的帮助。**在实际运作中，打造卖点相关的活动文案主要分为产品开发评价活动文案和产品创业活动文案。

（1）卖点打造一：产品开发评价

在一个完整的产品开发评价活动策划文案中，主要包括了产品开发所需要经历如下8个阶段内容。

构思产生 → 构思筛选 → 概念发展 → 营销规划 → 商业分析 → 实体开发→产品试销 → 商品销售

产品开发评价活动往往要包含新品卖点的相关内容，比如需求说明、产品说明、服务说明和使用说明等。产品开发评价活动是新品活动中较为重要的部分，直接决定了产品后期的销售预期情况。

作为新品的产品开发评价活动，首先需要对新品进行定位。根据来源的不同，新产品至少可以分为两种：原有产品升级、全新产品。

在目前的成熟企业中，根据原有产品进行创新而出现的新品较多，比如商家已经投放了普通的洗衣粉，接着又开发出了香味洗衣粉，这种新产品就是普通洗衣粉的延伸创新，同样拥有新产品概念。

在活动文案的具体创作重点上，产品开发评价主要集中于以下5个方面，这些也是活动内容的核心要点。

- 第一部分：产品背景；
- 第二部分：产品定位；
- 第三部分：性能预期；
- 第四部分：成本预算；
- 第五部分：开发安排。

（2）卖点打造二：产品创业活动

在主流的产品创业活动中，以大学生创业活动和市场型创业活动最为常见。

两者存在一定的区别，尤其是针对新品上市的创业活动内容。大学生创业活动在内容上的要求较低，形式上较为自由，重点思考敢于竞争、了解市场、团队因素、策划内容，其基本内容为文案封面、计划摘要、行业分析、产品介绍、团队展示这5个方面。

和大学生创业活动相比，市场型创业活动更加严谨，同时要求也更高，在内容的深度与广度上的表达也更加突出，是活动的中心内容。**对于新品而言，能否在产品创业活动方面取得成就，直接关系到产品能否投入市场。**

为了打动活动的受众、将新品推广出去，在活动的策划过程中，无论是大学生创业活动，还是市场型创业活动，都需要注意把握重点内容。

根据目标的不同，产品创业活动的实际内容深度也有所不同。对于部分风险投资人而言，还需要了解产品的资本回笼机制，相关分析如下所示。

了解资本回笼机制→何时能够收回资本→以何种方式收回→获得预期形式保障→创业活动文案被认可

045 常规式活动：用产品把握全面内容

新品类活动文案的目标只有两个，分别是抓住卖点和打造卖点，在前面的内容中已进行了详细分析。**在实际的应用中，根据目标、环境和团队的不同，对各类活动的分析重点也有所不同。**

在新品创业活动中，常规式活动内容面面俱到，形式统一，逻辑清楚，与产品是紧密相关的。由产品出发，主要的活动内容包括以下几个方面：产品与技术介绍、市场分析与把握、营销需求的计划、战略发展的计划、产品与资本风险。

新产品活动的策划重点是以产品为中心，通过产品进行活动内容的把握。常规式新品活动的策划重点如图4-13所示。

图4-13 常规式新品活动的策划重点

046 图文式宣传：用图文呈现异样效果

图文式的活动宣传主要针对产品的直接受众，而不是相关的渠道经销商或公司人员。就活动本身而言，大篇幅的文字是不可取的，一般情况下都以图文结合的方式进行，配合突出中心内容，往往能够起到常规式新品活动所不能达到的效果。

以家电公司推出的新品冰箱的促销活动为例，其活动的优惠非常吸引人，在推出新品的同时，用赠送优惠券的方式直接影响受众的选择，文字和图片的结合呈现出最佳效果，从视觉上吸引受众，如图4-14所示。

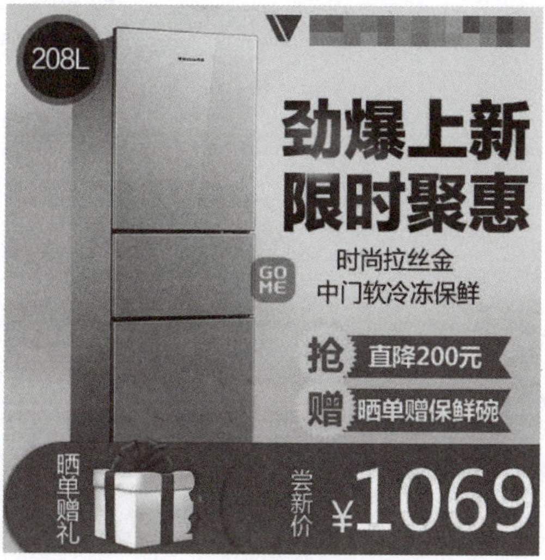

图4-14　新品冰箱的促销活动

第5章

11个方面：做好活动准备工作

企业在进行活动策划的过程中，千万不要毫无头绪、凭感觉来策划活动，这样策划出来的活动，其有效性非常低。由此，本章节将讲述进行活动策划前需要准备哪些工作，让活动策划者在策划活动的过程中少走一些弯路。

047 明确目的：确定活动的具体目标

活动策划前要明确活动的根本目标，活动目标不明确就无法去构思活动，靠臆测去贸然组织活动策划工作，很可能会让后续的工作白费工夫，甚至无法进行。所以活动策划者在接手策划工作时一定要向委托人或是主办方了解清楚活动的根本目标，然后再进行后续工作。

活动的根本目标包括宣传推广和盈利两种，因此，目标不同，活动的形式也会不同，如果根本目标是宣传品牌形象，活动地点又指定在人口密集的大城市，那就可以邀请明星举行盛大的文娱晚会，再联系一些知名媒体进行转播，形成巨大的社会影响，以此来宣传品牌。但因为现在综艺节目众多，许多品牌都选择通过冠名赞助这些节目的方式来进行宣传，这也不失为一种好方法。

如果活动的根本目的是提升企业形象，那就可以由企业主导一场公益活动，提升企业在公众心中的形象。

如果活动的根本目的不是宣传，而是盈利，那就可以以产品促销为中心，举行一场盛大的营销活动。因为直接以盈利为主的活动不太容易让人接受，另外也为了能让活动的效益达到最大化，商家一般选择在节假日进行活动，如图5-1所示。

图5-1　某商家在节日进行的促销活动

如果活动的根本目的是既想宣传品牌，又想促销盈利，那就可以考虑将活动搬到互联网上进行。这样可以利用网络的强大功能来实现降低成本、扩大宣传的目的，目前这方面做得最成功的非“双十一”购物狂欢节莫属了，如图5-2所示。

图5-2 “双十一”购物狂欢节宣传广告

048 构思方案：策划总体的执行方向

企业在进行活动策划之前，需要将活动的总体方案简单策划出来，一个大体的活动雏形能为后续工作提供有效方向。

一般来说，在活动总体方案中至少要列出6个事项，如下所示。

① **明确活动主题。**

② **确定活动时间。**

③ **确定活动地点。**

④ **确定活动对象。**

⑤ **安排活动流程。**

⑥ **估算活动经费。**

在这6点中，被确定的活动对象一般是企业的忠实用户和潜在用户，所以活动的时间和地点要根据企业忠实用户的特点和需求来决定。

在进行活动策划之前，活动总体方案无须太过详细，不要花太多的时间在策划活动前的准备上，只需满足简单、明了、易懂这3个要求即可，内容无须过多，方案要素需全面。

049 提前宣传：吸引人流提高成功率

对于活动策划来说，活动的宣传方式是活动成功的“带领先驱”，当宣传效果非常好时，活动的成功率会大大提高；若宣传效果不佳，那么活动效果也不会好。

虽然活动有时候会延后结束，有时候又会提前开始，但毕竟都有一个相对固定的时间段。想要在这个固定的时间段内实现活动效益的最大化，就一定要在活动还没开始前就着手前期的准备工作，就如演唱会要提前售票、电视节目要提前预告，活动也要提前宣传。

活动宣传的主要作用在于吸引人流量，让人们知晓企业活动的存在，只有这样才能提高活动的成功率。在活动文案中可以将活动宣传的手段展示出来，这也是得到企业管理者同意实行的一个重要因素。

下面，我们就来了解活动宣传的作用，如图5-3所示。

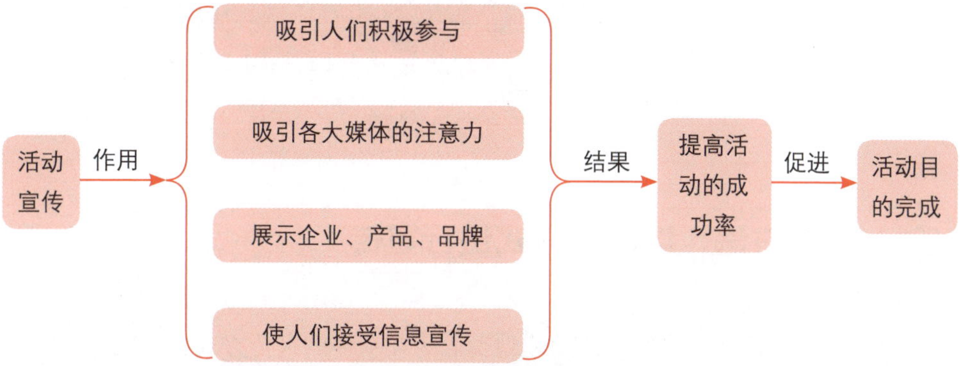

图5-3　活动宣传的作用

050 考虑因素：选择渠道发挥最大效果

活动策划者在选择宣传渠道时，需要考虑其是否能为活动带来最大化的效果，不然活动宣传就会变成一种既“烧钱”又“无用”的事情。因此，活动策划者在选择宣传渠道时，需要考虑如下3个问题。

① 企业精准人气是否在此渠道比较聚集。

② 此渠道能给活动带来怎样的宣传作用。

③ 活动是否适合此渠道的整体风格。

活动策划者还需要在宣传策略中嵌入6大特色，这样才会有吸引人们注意力的作用，如图5-4所示。

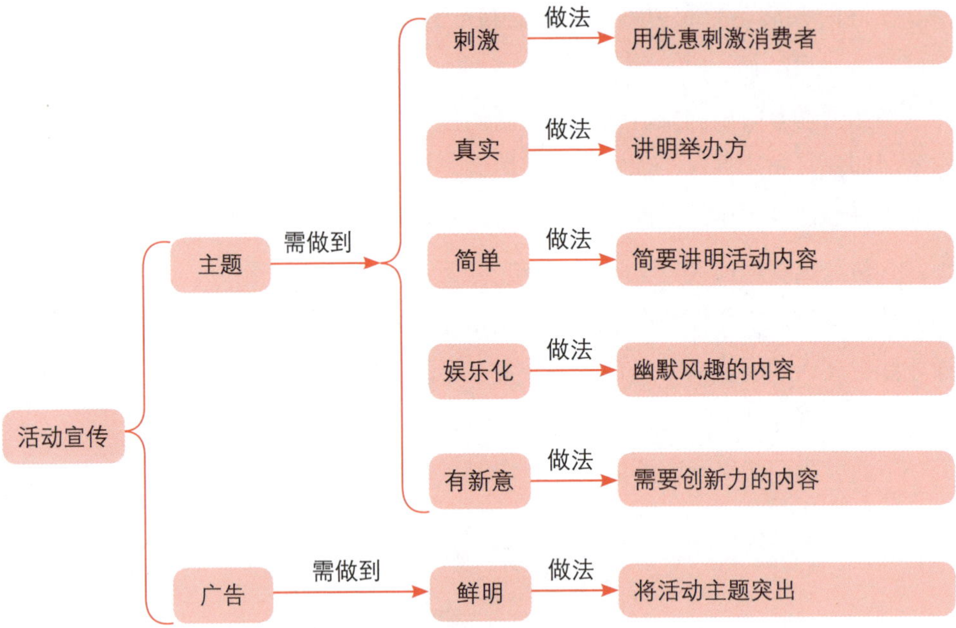

图5-4　活动宣传的特色

051 选择方法：以常见方式进行宣传

活动宣传方式多种多样，活动策划者若想在众多的宣传方式中选出一个最适合活动的方式，需要从以下3个方面考虑。

① 活动成本问题。

② 活动宣传面对的受众是否是活动需要的。

③ 是否适合活动主题。

除此之外，活动策划者还需要对活动宣传方式有一定的了解。只有这样才能从客观上进行选择，下面就来了解活动宣传的常见方式。

以微信朋友圈、热门互联网载体和实体宣传单为例，具体如下。

① 发送宣传单告知：顺应人流发送，定向直达宣传信息。

② 互联网载体广告：借助门户网站发布广告扩大影响力。

③ 微信朋友圈推广：利用关系网宣传产生口碑效应。

常见的宣传方式在生活中随处可见，同时也与我们息息相关，所以在选择宣传方式上，可以结合实际选出最优的一种。

052 确定活动：根据目的选择活动类型

一般来说，活动目的不同，活动类型也会随之不同，下面列举几种活动类型来阐述如何根据活动目的确定活动类型。

（1）众筹型

众筹是如今比较火的一种营销活动，它是指在特定的时间内向消费者提供新产品的性能、特色、背景等方面的信息，以此来发起筹款活动，若筹款成功则会给筹款人赠送各种礼物。而众筹获得的是让更多人了解产品、获取产品体验的反馈信息、提高产品销量、为产品研究筹款、提高品牌知名度、积累消费者信息。

众筹背后所隐射的目的并不止上方所说的那些，活动策划者需要有判断的能力，看自己策划活动的目的是否属于众筹活动，若属于则可策划一个众筹活动；若不属于则需要活动策划者重新考虑，选择合适的活动类型。

（2）促销型

促销型活动，顾名思义，就是指以产品促销为目的的活动类型。这类活动的策划要求其实并不高，一般只要在活动策划书中将促销力度、促销背景、促销时间、促销目的这4个方面的内容撰写清楚，企业管理者批准的可能性较大。

当然促销型活动的目的并不只是为了促销产品，还包括**增加产品知名度、提高产品销量、提高品牌美誉度、处理过季产品。**

（3）内部型

一般企业还会以公司员工为受众，举办内部活动。内部活动一般分为：户外型和会议型，这两种类型的活动目的也不相同，具体如下。

① **户外型：奖励员工、维护员工感情、答谢员工、提倡公司精神。**

② **会议型：解决问题、推出新产品、表彰员工、提供员工培训。**

053 计划时间：时间选择决定策划成效

对于活动策划来说，时间是比较核心的部分，时间选择是否合适将决定活动策划的成功概率。**若时间选择不恰当，则会影响活动的举办效果；若时间选择恰**

当，则会成为推动活动成功的利器。下面就来了解时间在活动策划中的作用，如图5-5所示。

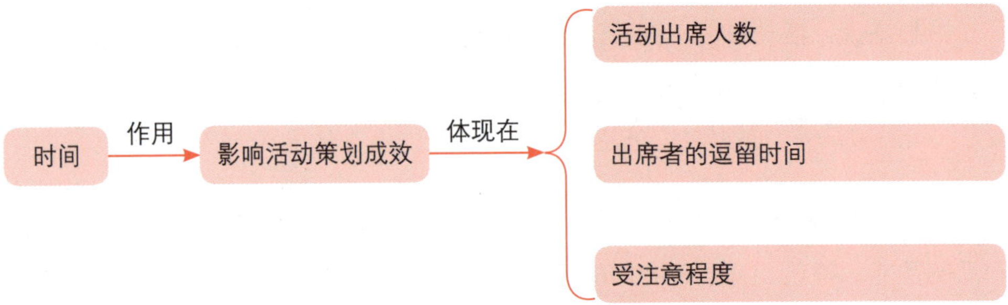

图5-5　在活动策划中时间的作用

例如，活动时间安排在工作日的晚上，第二天出席者多需要上早班，则会出现出席者停留时间短的情况。时间太短，活动很难在出席者心中留下深刻的印象，活动效果也会不佳。

054　活动阶段：根据内容与目的制定时间

一般来说，活动时间分为**活动准备时间、活动协调时间、活动开始与结束时间**3个阶段。

这3个阶段都需要根据以下两个方面来选择时间，相关分析如图5-6所示。

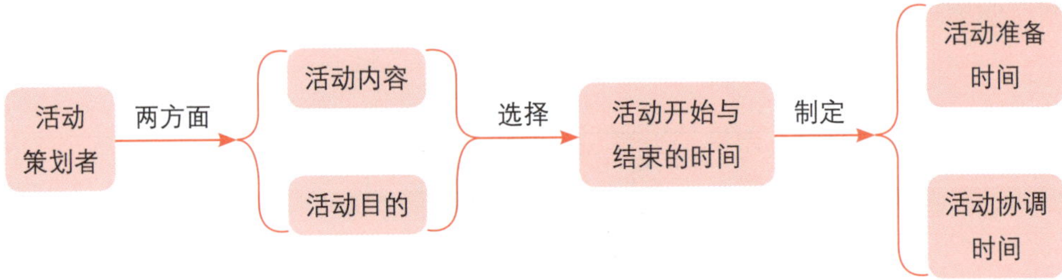

图5-6　时间选择的依据

055　思考问题：全面考虑活动的影响因素

活动策划者在制定活动时间的过程中需要考虑的问题为：**具体日期与具体时间、活动时长与预留时间。**需要考虑的因素如表5-1所示。

表5-1　选择时间所需要考虑的因素

因素	方面
关于出席者	避开出席者的工作时间，最好选择星期五晚上～星期天下午的时间段
关于主讲人	若主讲人是公司高管，则需要考虑主讲人的时间安排
关于天气	天气不好，会影响出席者、工作人员的心情，且对出行有所影响，很有可能会让出席者产生不出席活动的念头
关于高峰期	若在工作日进行活动，则需要避免在下班高峰期结束，例如，16：30～17：30
居民生活习惯	开展时间不要太早或太晚，且历时不宜过长，一般控制在一至两个小时就很合适
注意风俗习惯	若主要出席者是外国人或者有宗教信仰的人，则需要注意他们所忌讳的数字，或者考虑是否冲撞了宗教活动
适当选择节日	活动最好能借助节日来烘托气氛，可是像春节这样的节日，大家都希望和家人在一起过年，若是在这样的节日中举办活动，是难以邀请到出席者的

056 规避短处：提升活动者素质能力

活动策划者在进行活动策划的过程中很容易遇到一些问题，下面就来了解一些注意事项，让活动策划者规避这些问题。

（1）创新性思想

活动策划者需要具有创新性思想，这样才能让自己策划出来的活动更具亮点。创新性思想的作用为：创造新活动、激发全新的思维、为产品宣传带来新意、为产品开发新市场。

（2）强协调能力

活动策划者可以说是整个活动的“指挥员”，他们需要具有较强的协调能力，才能与其他人员相互交流，维护活动运行。那么，活动策划者的协调能力在活动中如何体现呢？具体如下。

① 给予活动举办人员鼓励。

② 及时向企业管理者反馈在活动中出现的问题。

③ **预算超支与企业管理人员进行交流。**

（3）心理素质需强大

对于活动策划者来说，良好的心理素质是必须要具备的，特别是在处理突发事件上，体现出活动策划者的心理承受能力。活动策划者在心理素质方面需要做到：**遇事乐观积极；遇到麻烦或失败有较强的心理承受能力并能冷静处理；有绝对的自信。**

057 估算成本：清楚成本花费拟定资金保证

在进行活动策划之前，活动策划者需要清楚活动大概的成本花费，这样才能拟定一个资金保证给企业管理者，然后获得活动资金。而活动策划者需要按照活动资金预算来进行整个活动的策划。

活动策划者在进行活动策划之前，必须估算出成本。当然，活动内容不同，活动成本的估算价格和估算要素也是不同的。**活动策划者需要多多与其他部门的人员沟通，征集意见。在估算出大致成本后，还需要进行成本细算，进一步保证活动花费的精准性。**

活动策划者需要根据自己策划的活动类型、目的、想要达到的效果等来考虑活动各个方面的花费。活动策划者最好在选择产品、节目等各方面多列举几个成本细分表进行对比，确定哪个场地、哪些节目更适合活动主题，还能节约成本。

第 6 章

10个步骤：详细策划活动流程

要想一场活动举办成功，则需要制定一个详细的活动流程，那么具体有哪些步骤呢?本章我们来学习一下制定活动流程的具体步骤，相信通过学习，大家就会非常熟悉了。

058 确定主题：围绕核心开展活动

有一些初出茅庐的活动策划者，在进行活动策划工作时总会遇到各种问题，随着问题的积累，很容易遭受打击，甚至出现自我贬低的情况，我们需要避免这些情况的发生。

活动策划者在进行活动策划工作时，需要明确一个核心主题，并围绕此主题展开活动策划，以目标为导向开展活动。

一般来说，活动主题在以下3点的基础上才能得以确定。

① 从企业实际情况出发。

② 根据市场发展状况进行确定。

③ 是目标受众所需要的内容。

059 择定类型：针对因素实现精准策划

所谓精准针对性原则是指活动策划者在进行活动策划的过程中，**需要明确内容策划方向、定位以及具体目的，根据这些因素进行精准的、有针对性的策划，才能更好地选择活动类型，这样策划出来的活动才更具有可操作性。**

一般来说，活动策划者抓住3个因素即可实现精准针对性原则，如图6-1所示。

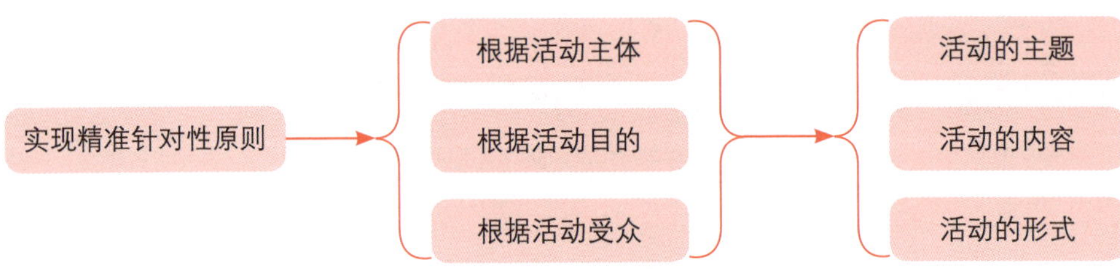

图6-1 实现精准针对性原则的因素

060 宣传造势：“号召”受众建立固定宣传

活动策划者不是将活动方案拟好就可以了，还需要考虑活动宣传这一环节。一个好的活动，还需要一个好的活动宣传，这样“号召”受众才有用。因此，活动策划才会有把握宣传性原则的要求。活动策划者可以从3个方面来把握，如图6-2所示。

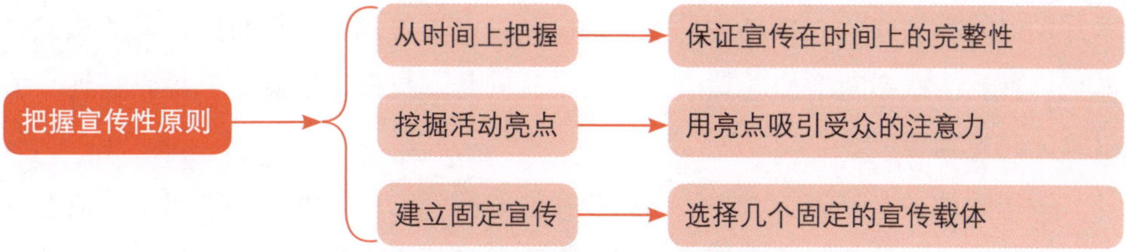

图6-2　实现把握宣传性原则的3个方面

例如，某餐馆的试营业宣传活动，凡进店用餐的顾客，购买饮料、啤酒统一5元，菜品享折扣。利用这些优惠来进行宣传，如图6-3所示。

图6-3　某餐馆的试营业宣传活动

061 活动签到：多种方式增加活动效果

说到活动的签到，随着社会的进步和科技的发展，签到的方式也发生了变化。根据签到载体的不同，活动签到主要有3种方式，即手写签到、电子签到和创意互动签到，下面分别进行介绍。

（1）手写签到

这种签到方式历史悠久，用得比较多且简单、直接。一般来说，手写签到主要是提供签到本或签到摆件（如地球仪、酒瓶等）来进行签到。然而考虑到这种签到的签到姿势、照片效果以及宣传效果，一些大型的线下活动选择了签到墙。相对于传统的签到本签到来说，签到墙有着一定优势，具体如图6-4所示。

（2）电子签到

电子签到是一种基于计算机技术、通信技术、身份识别技术和多媒体互动技术开发出的签到方式。相对于手写签到而言，电子签到明显更智能，其形式也多样化，且玩法在不断增加。其中，比较常见的是刷身份证签到、二维码签到、手机验证码签到等。

一些活动举办方为了增加活动的趣味性和签到的便利性，还推出了其他电子签到方式。如刷脸签到，这是一种利用人脸识别技术来完成签到的玩法。另外，AR签到、3D签到等也是基于新技术而出现的富有趣味性的签到玩法。

使用签到墙进行签到 → 优势

- 缓解受众签到时容易推挤的无序状态
- 无需陷入签到时趴在桌子上写的窘态
- 无需担心着装不便于俯下身来签到
- 在签到墙上签到拍照更得体、大方
- 在照片墙上植入品牌logo，便于宣传

图6-4　使用照片墙签到相较于传统签到本签到的优势

（3）创意互动签到

相对于手写签到和电子签到而言，创意互动签到的特点就表现在“创意”和“互动”上，具体分析如图6-5所示。

- 创意 → 在活动过程中，举办方提供的签到方式注意让参与受众充分发挥自己的想象和联想，利用签到完成某一设计。这种签到方式本身就是一种具有创意的、要求有趣的活动设计
- 互动 → 相较于其他两种方式，这种签到方式更加注重与受众的互动，表现在它致力于让所有到场的受众一起完成签到作品的造型设计

图6-5　创意互动签到方式的两个特点分析

创意互动签到具体的玩法有拍照签到、指纹签到、贴纸签到、点灯签到、唇印签到、拼图签到等。

062 人员发言：介绍活动核心内容

在每一场活动中，关键人员发言是活动的精髓，一场活动的成功离不开一个好的策划方案，同时也离不开活动中的发言者，下面我们来了解一下关键人员发言有哪些内容。

① 主持人发言：开场白及介绍活动相关流程。

② 举办方发言：说明活动目的及主题核心内容。

③ 参与者发言：对活动作出评价。

063 节目规划：制订计划面面俱到

大大小小的活动有几百种，而活动中所呈现的节目也是多种多样，因此要想举办好一场完美的活动，选择一些好的节目也是至关重要的，首先可以对受众进行调研，了解受众喜欢什么样的节目，再根据受众的喜好制订计划。

娱乐节目需要制订一个详细的计划表，内容上尽可能详细地包含所有相关事情，安排好的节目要了解清楚每一个节目的表演内容。

例如，某公司的宣传活动邀请了一名魔术师来表演节目，而这个活动的策划者没有见过魔术师的表演，在活动开始前，活动策划者在场地检查时发现一些类似刀具、铁制用器等危险品堆放在角落里，他马上吩咐工作人员将这些东西清理掉，而活动开始后，魔术师准备上场时却发现自己的道具不见了，该节目只能推迟演出。而推迟演出带来的影响是让原本满怀期待来参加活动的受众非常失望，这样不仅没有给活动带来好的宣传效果，反而造成了不好的影响。

活动策划者还需给节目制定严格的规章制度，确保每一位表演者都能执行到位，并且每一个节目都要有具体的时间和地点。

064 介绍产品：根据特点选择最优方式

产品是指提供给市场且能让消费者使用的东西，包括物质产品、理念产品、服务产品或它们的组合。消费者从市场上购买自己所需的产品，商家靠卖产品来获取盈利，如果想要更多的盈利就必须满足消费者更多的需求。

商家通过活动宣传能更好地将自己的产品推出去，那么，在活动中应该怎样介绍自己的产品呢？不同的公司有不同的产品，要根据产品的用途、特点、功能来进行介绍。

例如，某科技公司的产品发布会活动，在活动中通过现场实操演示推出自己的新产品——智能机器人，并在演示过程中对产品的特点功能进行介绍。

很多时候还要根据产品自身的特点用不同的方式介绍，如食品类的可以从制作方法进行介绍、理念类的像课程可以现场体验等。

065 发言结束：总结活动答谢来宾

活动主持人最后一次上台发言意味着活动已经接近尾声了，所以，这一次发言也十分重要，可以对整体进行总结以及感谢来宾的参与。

066 活动落幕：完善收尾清理工作

活动结束后并不代表所有的工作都完成了，还需要进行一些收尾工作，如清理场地、打扫卫生等。

收尾工作的完成才能代表整场活动已经完美落幕了，有始有终也是活动中的一大要点，要保证每一步都实行到位，所以，即使到最后也不能忽视收尾工作。

067 记录工作：总结经验开展会议

最后一位客人的离开代表活动结束了，但这并不代表活动圆满结束了。相反，在这一刻，活动策划者需要了解整场活动是否按计划开展，或许在活动时有一些突发事故，所以此刻需要总结经验，回忆活动中发生的意外是怎样进行处理的，认真总结并将观察和体会记录下来。

另外，除了要收集来宾的感受评价外，一般来说，活动组织者还会召集相关人员对活动进行总结。这样的召集活动可大可小，当然，场地和性质也可以不同——既可以是类似于庆功会的晚会，也可以是全程发言式的会议。

第7章

9个要点：全面完善细节内容

企业在进行活动策划的过程中，千万不要毫无头绪、凭感觉来策划活动，这样策划出来的活动可能达不到预期的效果，要想活动能够顺利进行，则需要注重活动中一些细节。因此，本章将讲述活动策划时的细节内容，相信通过此次学习，大家会对活动过程中的细节更加清楚明了。

068 选择类型：根据目的确定活动类型

活动策划者还需要确定好活动类型，一般都是根据活动目的来确定的，可是一个目的可以对应多个活动类型，这时就需要活动策划者考虑以下3个问题，再进行活动类型的选择。

① 活动目的适合哪些活动类型。

② 根据活动主题再一次进行类型挑选。

③ 根据企业经济能力进行类型选择。

例如，企业的活动是为了宣传品牌，则可以选择新闻发布会型活动、促销型活动、娱乐型活动、奖励型活动、众筹型活动等；如果活动主题比较严谨，可选择新闻发布会型活动、众筹型活动；如果企业经济能力不强，可选择众筹型活动。总之要根据活动类型来确定活动主题，且主题最好选择积极向上的或者让人印象深刻的。

069 精准时间：避免状况发生时间受限

在策划活动的过程中，总会遇到各种各样的问题，例如，难以找到合适的活动场地、联系不到合适的娱乐节目等。解决问题是需要时间的，因此，活动策划者需要将活动的时间进行细分，精确到每一个时间点，避免出现时间不够用的状况。

活动策划者在计算策划时间时，需要考虑以下3个问题。

① 确定从策划→布置→举办活动的整体时间。

② 计算每个活动项目需要花费的时间。

③ 解决已知问题所要花费的时间。

070 活动地点：预算范围内挑选最佳地点

地点是否合适能决定活动策划的效果，若在合适的地点进行优质的活动，则活动效果会非常显著；若在不合适的地点进行优质的活动，则活动效果会大打折扣。因此，在活动策划中地点也是成功的核心要素。

（1）作用

地点在活动策划中是必不可少的一环，若没有这一环，活动就会出现无从下手的情况，届时，再好的活动也不能给企业带来一丝利益。下面就来了解地点在活动策划中的作用，如图7-1所示。

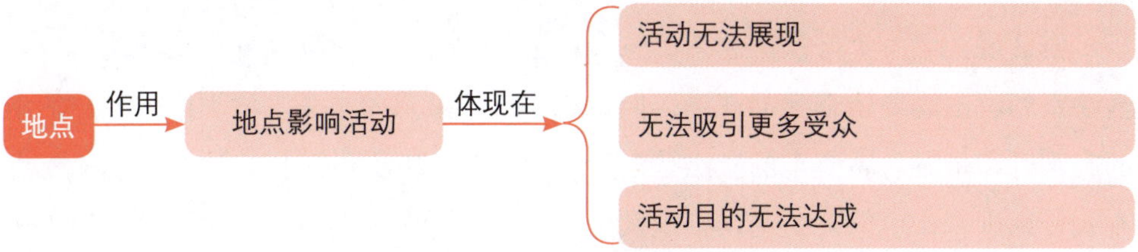

图7-1　地点在活动策划中的作用

（2）问题

活动策划者在进行活动地点的选择时，需要考虑很多方面，其中首要考虑的因素是**根据活动类型来选择地点，**如图7-2所示。

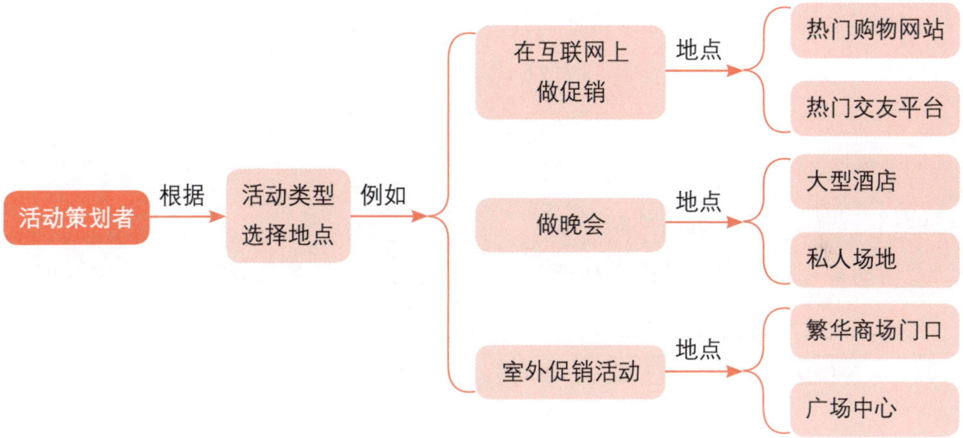

图7-2　根据活动类型来选择地点

活动策划者在选择活动地点时，还**需要考虑成本问题。**一般是根据企业接受范围内的预算资金来选择地点，需要考虑的问题如下所示。

① 在酒店做活动：住宿条件是否值价、就餐条件是否值价、服务是否值价。

② 在购物网站做活动：广告费是否能承担、物流成本是否合理。

③ 室外促销活动：场地使用费、清洁费、能源电费。

此外，活动策划者还需要考虑地址问题，应尽量选择交通便利、不太偏僻的地方作为活动地点。

071 组织团队：采纳多种意见提高效率

俗话说："一个好汉三个帮，一个篱笆三个桩。"活动策划也是如此，虽然活动策划者也需要亲临活动现场，但是也不必凡事亲力亲为。活动策划者是活动的决策者和指导者，更多的应当是进行指导和决策方面的工作，这样活动才能更有效率地进行，也能避免错误集中发生。因此，活动策划者在进行活动策划工作之前，千万不要自己一个人埋头苦干，不然策划出来的活动会出现不严谨的情况。

所以，活动策划者需要组织一个团队，一起完成一个活动的策划，团队人数可根据活动大小来确定：**一般小型活动在10人以下即可；大型活动要根据活动的具体要求进行人数的拟定。**

活动总策划需要根据团队成员的性格、爱好、技能来分配任务，只有这样，团队成员在处理问题时才会比较有效率。

在团队中，还需要多开会议来征求团队成员对活动的意见和看法，以及考虑是否需要求助外援。例如，活动策划专业人士、公关公司、活动运营导演等，通过他们专业的视角来给活动添彩。

活动策划者还需要考虑活动安全、相关许可证等因素，确保活动完美开展。

072 调查来宾：拟定名单确认到场情况

虽然活动的最终目的和利益是指向活动主办方的，但活动的直接服务对象还是受众，即参与活动的来宾。因此，活动策划者在进行活动策划之前，一定要明确受众，并且围绕活动受众的需求和喜好来策划活动。

对于一些十分重要的受邀来宾，活动策划者需要将邀请的客人列在表格中，后期再确认客人是否能如期到达。且活动座位有前后顺序，一般需要将比较重要的客人安排到最靠前的位置，然后按客人的主次进行座位的安排。

在邀请客人之前，还可以拟出两份名单，第一份名单是主要客人，第二份名单是次要客人，若主要客人有人不能如期到达，则可以立即邀请次要客人进行补位。

073 考量场地：综合考虑确保不出差错

活动策划者在选择地点时，千万不要随便，一定要综合考虑各方面因素，挑选出一个最合适的活动地点，还可以从地点的人流量、地理位置等方面考虑地点的合适程度。

活动策划者若是选定了一个地点，不能松懈对地点的考量，还需要考虑其他方面的问题，如图7-3所示。活动策划者选定地点后，需要将自己所考虑的事项都写在合同中，与活动场地租赁方签订好合同，才能保障不会出现租赁方面的差错。

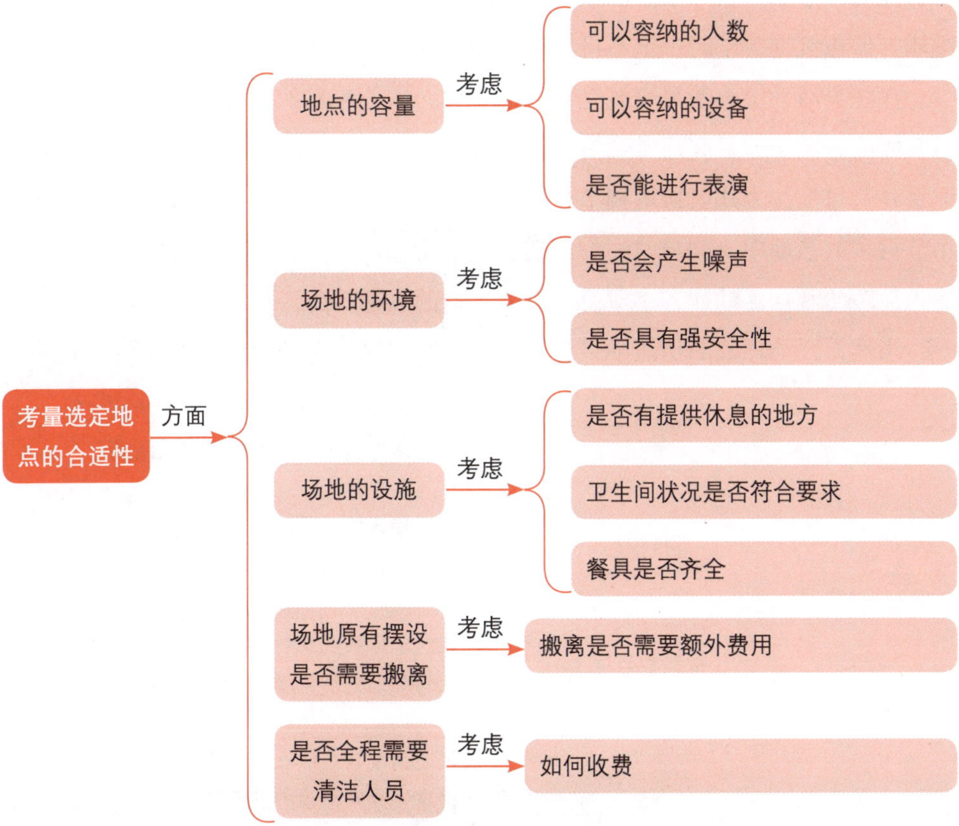

图7-3　选定地点时需要考虑的问题

074 工作安排：注意人员调配要求合理

活动工作人员的调配除了需要合理之外，还需要让他们注意4个方面的要求。

① **衣着方面的要求。**

② **行为举止方面的要求。**

③ **礼节方面的要求。**

④ **处事风格方面的要求。**

在人员调配上还需要注意5个方面，分别是从实际出发、从科学出发、可操作性强、具有前瞻性和吸引力。

075 互动节目：利用间隙时间提高受众兴趣

互动环节和节目环节是活动的重要组成部分，它们虽然有时候并不是活动的主体，但在策划活动时一定不可忽略这两个环节。

在晚会活动中，节目表演是活动的主体，因为场景的布置或者后台道具的准备等原因，两个节目间通常会有一段间隙，一般由主持人在幕前支撑这段时间。但这种节目衔接方式就像电视节目插播广告一般，过多就会使人厌烦，特别是在小节目多的活动中，间隙时间的问题就更加难以回避了，这时候可以在间隙时间加入简短的观众互动或者小节目来提高受众的兴趣。

当然，互动环节的功能不只是过渡间隙时间这一点，相关功能如图7-4所示。

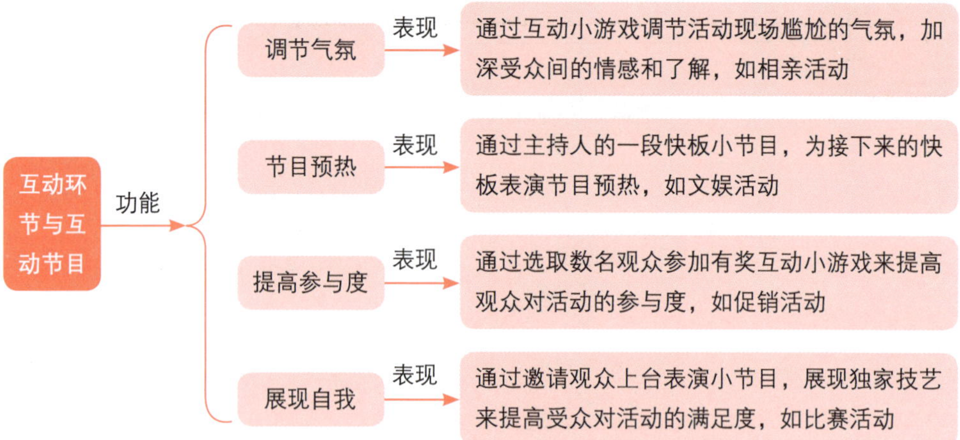

图7-4 互动环节与互动节目的功能分析

076 确认流程：根据内容合理安排细节

在活动策划中活动具体流程表也是一个重点，活动策划者需要将活动当天的流程安排到位，将它们一一列举出来，让领导、操作人员知道活动大概的流程，这样的活动才会更加严谨，更容易举办成功。

活动具体的流程表，需要根据活动内容合理制定，不要套模板，应做出一个与众不同的流程，且各个流程之间的时间一定要精确，并将整个活动连接起来，活动中的每个细节都要反复确认。

以××新品发布会为例，大致了解活动具体流程表，如表7-1所示。

表7-1 活动具体流程表

活动名称	××产品新品发布会	
活动主题	将××产品正式向外推广	
活动开始时间	2020年6月17日下午13：30	
流程	时间	具体描述
签到	13：30—14：00	记录参会媒体
主持人开场白	14：05—14：20	主持人上台+轻音乐
节目表演	14：25—15：25	小型音乐会
介绍产品	15：30—15：35	介绍新产品的性能、生产背景等内容
主持人谢幕	15：40	结束
发布会结束	15：45	发布会全部结束

第8章

10个事项：为策划方案画龙点睛

对于活动文案本身而言，编写技巧是至关重要的部分，尤其是活动策划新手需要更全面地了解这方面内容。本章主要针对文案写作的10个方面进行分析，逐步说明，让读者深入了解不同策划方案的写作技巧，以及它们在实际工作中的运用。

077 掌握逻辑：从读者角度抓注意力

在互联网时代，小成本的公司大放异彩。**要想通过活动文案实现逆袭大品牌的效果，首先要做的是认识活动文案本身的逻辑问题。**只有逻辑清晰明确的文案，才能被大多数受众接受，在各群体间获得广泛的传播。来看一个以打折为表现中心的活动的广告文案，如图8-1所示。

图8-1　春季活动期间的打折广告

这个广告文案就是围绕打折，从受众的角度出发，抓住受众的注意力，同时通过图文结合方式和以受众为第一人称的标题来达到最终目标。事实上，在文案创作中要求以受众为中心，不仅是表现在文字本身，由此延伸的相关内容也同样直接影响到文案的成败，在具体的创作中，相关的内容及分析如图8-2所示。

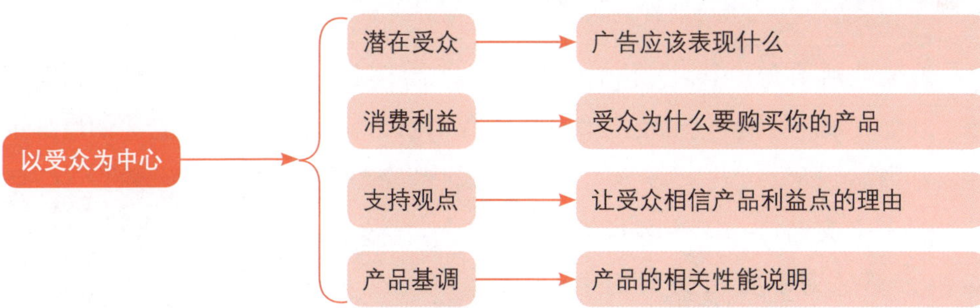

图8-2　活动文案以受众为中心的相关分析

078 突出中心：确保主题实现价值

文案主题是整个活动文案的生命线，作为一名活动文案策划人员，其主要职

责就是设计和突出主题。所以以内容为中心，要花时间且用心确保主题的绝妙性，有一定的真实价值。整个活动文案的成功与否主要取决于文案主题的效果。

在任何一个活动文案中，中心往往是最为醒目的，也是文字较为简洁的，广告类文案甚至只有一句话，如图8-3所示。

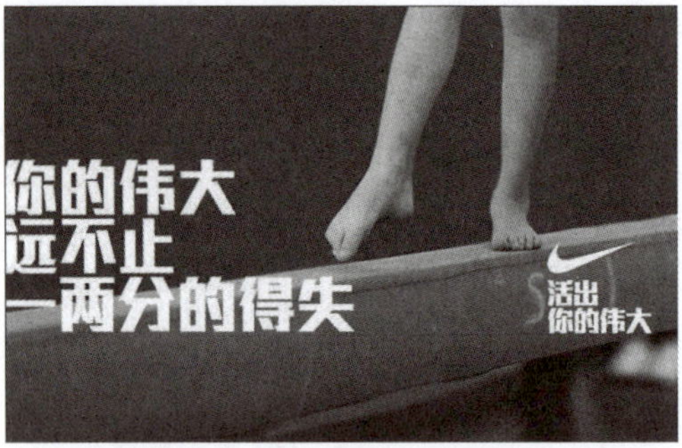

图8-3　一句话式的广告类文案

需要注意的是，策划人员要想突出活动文案的中心内容，还要提前对受众有一定的定位，比如一款抗皱能力突出的衬衣，其定位应该从以下3个方面入手。

① 产品属性：抗皱衬衣。

② 使用人群：上班白领。

③ 使用情景：挤地铁、公交等。

079 写作风格：简洁方式递进层次

在某些活动文案中，往往只需要寥寥几个字就可以将产品内涵充分表现出来。比如在某品牌减肥产品的案例中，仅仅用四个字就表现了减肥产品的瘦身作用，如图8-4所示。

图8-4　突出减肥产品瘦身作用的内容中心

对于文案而言，无论多长的篇幅，都是为了突出文案的中心，如果只用几个字就能达到效果，那么更为简洁的方式也是可行的。在部分文案中，常使用谐音的形式进行文案创作，比如酱菜广告的"'酱'出名门，传统好滋味”，某品牌饼干的“一‘饼’惊人，甜薄脆”等，突出式的文案也属于整体风格的一种，运用得当能够更好地突出产品本身。

优秀的文案与产品结合会产生原本无法想象的效果。比如，某位设计师为红旗轿车写的文案，只有一句话：从来没有一辆车，比它更适合检阅中国。由此可见，有格局的精准文案能够将产品本身的品质提升上去。**对于受众，广告文案应该是一种深层次的品位，而不是单调的代言词。**

但是，并不是每一个文案都能够成为有格局的活动文案，好的文案一定是深度挖掘目标群体的需求，并与产品自身差异化特质完美契合的产物，最终的表现效果是能引起受众共鸣的。如图8-5所示为美酒与文案本身内容的契合。

图8-5　美酒与文案本身内容的契合

080 文字重点：从通俗易懂到雅俗共赏

文字要通俗易懂，能够做到雅俗共赏，是活动文案的基本要求。这也是在活动文案创作的逻辑处理过程中，活动策划者必须要了解的思维技巧之一。

从本质上来说，通俗易懂并不是要将文案中的内容省略掉，而是通过文字组合展示内容，如图8-6所示。

图8-6　通俗易懂的文案文字

从通俗易懂的角度出发，我们追求的主要是文字所带来的实际效果，不追求文学的知名度，而是看重文字带来的实际效果，下面从文字的实用性进行分析，具体如下。

- 是否适合要用的媒体；
- 是否适合产品的市场；
- 是否适合产品的卖点。

081 词汇简单：善用短句传达信息

在实际的阅读过程中，短句比长句所展示的信息更容易被接受，不仅是在活动文案创作领域，在其他的文字工作领域，比如报社记者、公关人员、杂志作者等，文字的简洁和句子的有效性是一直被要求的。

善于运用词语、短句是活动文案优秀创作者的重要标志。如图8-7所示，同样是宣传广告，不同的表达方式所带来的效果是不同的。

单个短句的效果可能并不突出，但是在较长篇幅的文案内容中，就体现出了长句所不能达到的效果。文案中的长句往往会让读者精神疲劳、头昏眼花，并且容易遗忘之前的内容。

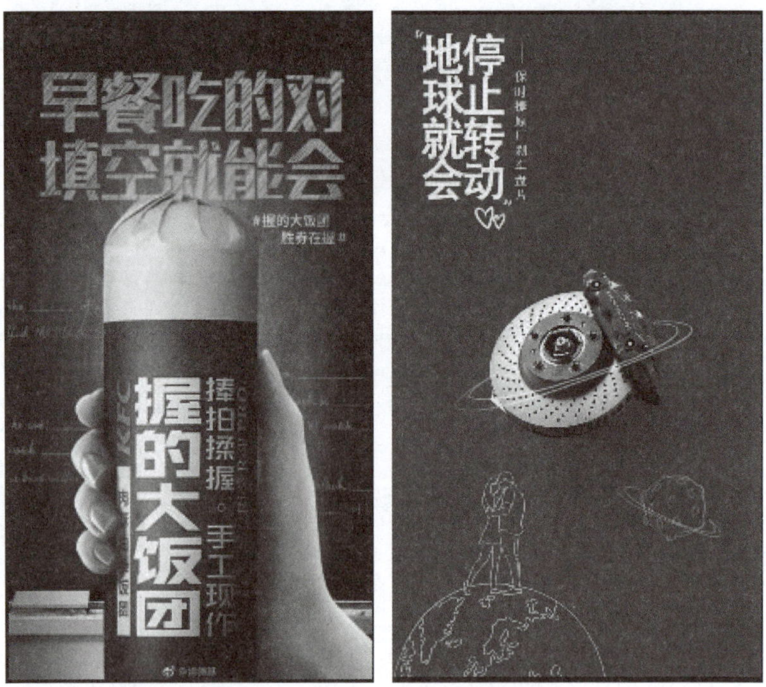

图8-7　不同的短句表达的效果

在成熟的文案中，文字的个数往往在10个左右，少数较长的句子在15个字左右，如图8-8所示。

图8-8　成熟文案中的文字个数展示

082 摘取关键：删除多余文字避免复杂

成功的活动文案往往表现统一，失败的活动文案则原因众多。在可避免的问题中，文字的多余、累赘是失败的主因，导致的结果具体表现在：问题模棱两可、文字说服力弱、内容毫无意义。

解决多余文字最为直接的方法就是将其删除，这也是强调与突出关键字句最为直接的方法。如图8-9所示，这是某羽绒服的活动广告文案，没有用复杂的形容词，只是用简短的语言将羽绒服的穿着体验说了一遍。

图8-9　突出强调关键字句

083 少用术语：节约读者时间提供良好体验

专业术语是指在特定领域和行业中，对一些特定事物的统一称谓。在现实生活中，专业术语十分常见，如在家电维修业中将集成电路称作IC，添加编辑文件称加编，企业中称行政总裁为CEO等。

专业术语的实用性不一，但是从活动文案写作的技巧出发，往往需要将专业术语用更简洁的方式替代。专业术语的通用性比较强，但是在活动文案中一般不太需要。相关的数据研究也显示专业术语并不适合大众阅读，尤其是在快节奏的生活中，节省阅读者的时间和精力、提供良好的阅读体验才是至关重要的。

在活动文案中，偏见是比较少见的败笔，但是也需要时刻注意。活动文案写手需要避免使用带有偏见的词汇，尤其是被社会普遍视为带有偏见意味的词。常见的比如职业偏见，其中农民工、文秘等词语被讨论的次数较多。

除此之外，就是性别类的偏见，为了避免这个问题，策划人员在活动文案中主要是避免提及性别，少部分文案中可以同时对两种性别都提及。

活动文案中的重点信息必须在一开始就传递给受众，但是根据策划人员能力的不同，会产生不同的效果。**优秀的活动文案应该是简洁突出重点，适合产品、媒介和目标群体，形式上不花哨更不啰嗦。**

例如，图8-10所示为某培训机构的招生活动广告文案。

图8-10　某培训机构的暑假招生活动广告文案

084 写作思路：循序渐进呈现卖点

在活动文案创作的写作思路中，常用的主要有归纳、演绎、因果、比较、总分和递进等，其中应用最为广泛的主要是归纳、演绎和递进3种，相关分析如下所示。

① **归纳思路：**一般表现为用总结性的文字来进行概括，但因此得到的结论与之前的内容相比也会存在一定的差别。

② **演绎思路：**一般表现为用一些假设并由此进行推理得到的思路。

③ **递进思路：**一般表现为通过认识某种事物或事理进行逐步深入的思维方法。

表现产品的卖点是文案的重要工作，但对产品卖点的表现也不能一味地通过说明灌输给受众，而是要更有技巧地将卖点循环地提出来，给受众留下深刻的印象。

如图8-11所示，某汽车品牌的文案通过依次提出几个卖点来吸引受众眼球，从汽车的功能性、配置、外形、操作等方面逐一向受众介绍，这样的方式让人看了眼前一亮，印象深刻。

图8-11　循环提出卖点加深受众印象

以文字为主的活动文案最忌讳的就是所有文字难看地挤在一起，这往往让读者第一时间就失去了继续阅读下去的兴趣。活动文案中，文字的排列可以不规则，但不能不美观。文案工作者要善于用段落来对文案内容进行分割排列，特别是没有图片作视觉辅助的纯文字文案，文字的排列分段就更重要了，如图8-12所示。

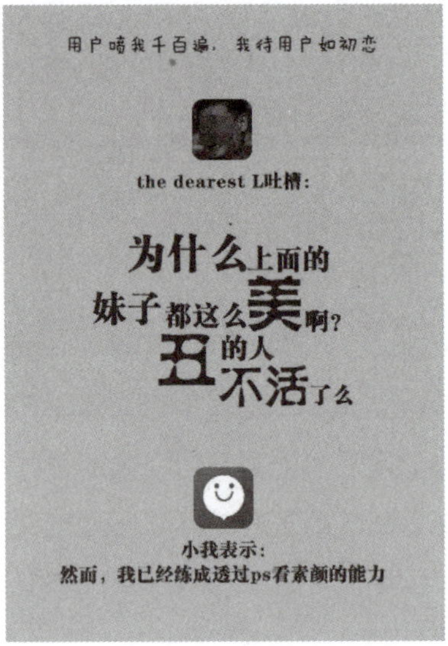

图8-12 用段落分割排列文案内容

085 文字手法：掌握窍门高效完成任务

活动文案创作者是专业的文字工作者，需要具有一定的文字水平，掌控写作窍门，能够更高效、高质量地完成活动文案创作任务。下面将介绍6种常见的文字运用手法。

（1）控制段落的字数

控制段落字数，主要是将整体内容的排版在字数上稳定在一个可以接受的范围内，这是首要的作用。除此之外，就是创造一定的韵律感，这种方式在广告类的活动文案中比较常见，如图8-13所示。

图8-13 有一定韵律感的广告文案

控制段落字数同样有突出文字内容的作用，在长篇的文案中采用较多，主要是起到强调的作用。让整篇活动文案显得长短有致，这同样考验了活动文案创作者的能力。

（2）多角度进行展示

活动文案内容信息的全面性主要是指多角度地对广告信息进行展示，满足受众对广告信息的深度了解的需求。需要注意的是，除了全面性之外，还有一种方法就是通过重复地播放，来加深读者的记忆，在目标上与全面性是一致的。为了达到最终的效果，有些企业选择通过多种不同形式的活动文案来表现。

在一个系列的活动文案作品中，活动文案所表现的信息内容之间，主要呈现3种不同的关系：**信息并列关系、信息同一关系、信息递进关系。**

在国内的广告文案中，通过一系列的广告来达成全面性展示的产品有很多，其中益达口香糖的系列广告以微电影的形式播放，在电影中多次重复地突出益达口香糖，吸引大众注意力的同时，也提升了益达口香糖的品牌效果。

（3）造句顺畅连接

对非单句形式的活动文案来说，为活动文案内容进行合适的段落分割自然是重要的，但为句子间造出顺畅的连接也同样重要。如图8-14所示，该会所通过一段文字“为庆祝……开业，开展充值优惠大放送活动”引出下面的活动内容，成功地将几种风格不一的话连接在了一起。

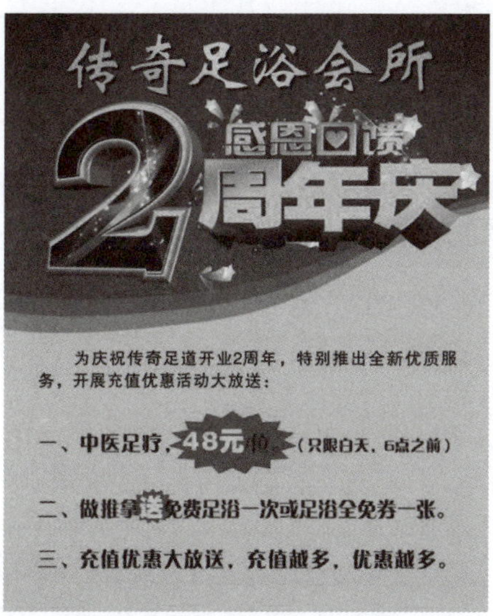

图8-14　顺畅的连接让文案更出色

（4）一句话作为一段

用一句话作为单独的段落，突出展现内容是文案写作的常用技巧。一句话的段落模式能够突出内容，也能够使呆板的文案形式变得生动。如果突然出现一句话成为单个段落，读者的注意力就会被集中过来。如图8-15所示为某个广告的文字展示。

图8-15　一句话文案展示

在文案中，更为常见的就是一句话式的活动广告文案，文字精练，效果突出，甚至不需要前期大段文字的铺垫，就能够吸引到读者。

（5）视觉效果强调字

突出关键内容不仅可以从写作技巧方面入手，还可以在关键内容的视觉设计上做文章，强调与突出字句。字句的强调与突出往往在广告文案中出现得最多，比如文字加粗、变形、加色等。如图8-16所示为加多宝的宣传广告文案。

图8-16　字句视觉设计在文案中的应用

（6）项目编号列清单

对于活动文案而言，大量铺陈的内容往往让读者望而生畏，即使是逻辑清晰、排列整齐的文案，仅仅依靠一个标题还是很难将文案的内容完美地传达出去。这时我们可以运用视觉设计中的一些方法来解决问题，在文案中添加项目编号就是一个很好的方法。在段落的中心字句前添加项目编号可以起到一个类似目录的作用，让读者能够快速了解文案内容。

086 抓对卖点：写出热卖文案产生共鸣

卖点是产品销售经营的关键要素，作为产品宣传工具的活动文案，首要任务就是抓住卖点、突出产品的卖点。

下面以卖点为中心，就活动文案的创作进行相关分析。

（1）以消费者的身份来描述产品

以消费者的身份去介绍产品的卖点总是更容易被受众接受。因为商家的最终目的始终是追求利益，所以相较于商家，受众更愿意相信已经有过消费经历的人或是自己熟悉了解的人的推荐，广告代言便是根据这一特点进行的一种宣传方式。如图8-17所示，某钙片公司的广告宣传文案就是用孩子为代言人，以消费者的身份去向大众推荐产品。

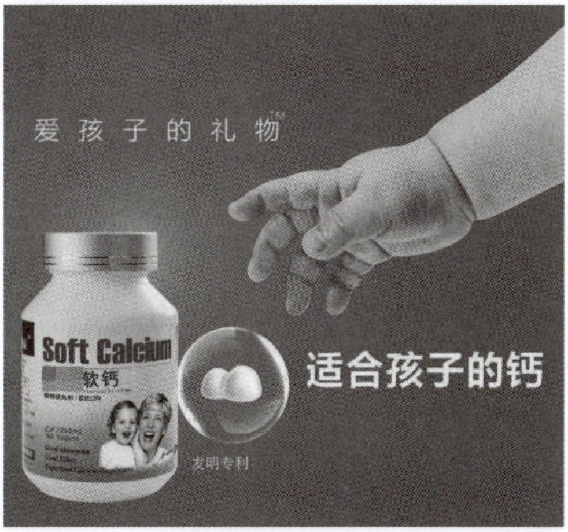

图8-17 代言人以顾客的身份推荐产品

（2）与受众的心灵产生共鸣

通过活动文案内容打动受众，引起受众的共鸣，从而将宣传受众转化为品牌的顾客，这是活动文案宣传中常见的模式，这类模式常以卖情怀为主，如图8-18所示。

图8-18　成功的情怀活动广告文案

（3）掌握促进销售的5个阶段

促销一直是活动文案的一项重要任务，文案想要更好地促进销售，需要掌握促销的5个阶段，相关分析如图8-19所示。

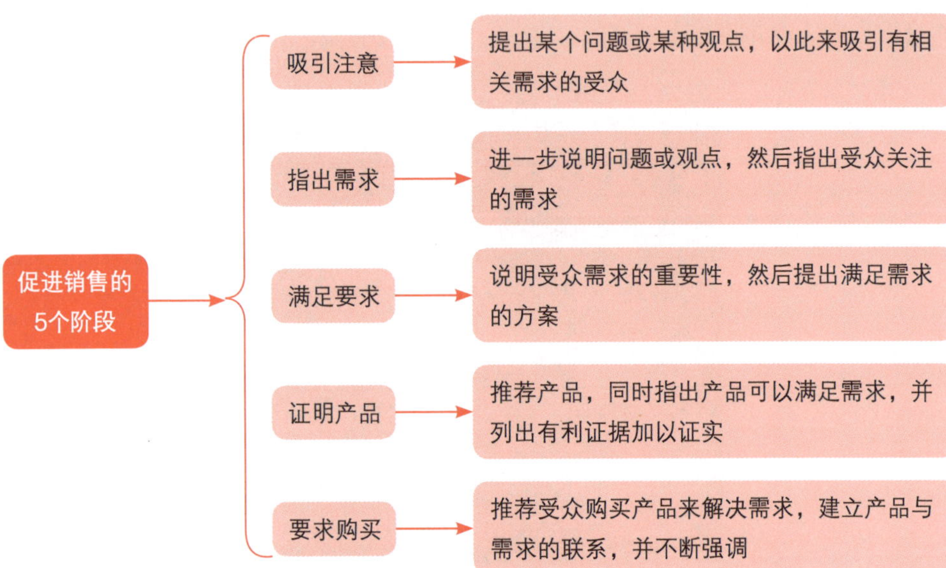

图8-19　促销的5个阶段的相关分析

（4）明确那些独特的销售卖点

产品要立足于市场，就要有独特的卖点，活动文案要出众优秀，也要在宣传卖点上有独到之处。明确那些独特的销售卖点，可以从以下4个方面入手。

① **强调大部分人还不知道的产品益处。**

② **用戏剧化的方式呈现产品功效。**

③ **设计别出心裁的产品名称和包装。**

④ **建立长期品牌个性。**

（5）让事实支持你的销售论点

活动文案要向受众推销产品首先得有依据，从事实出发的依据往往更有信服力，能让消费者有一种信赖感。活动文案必须利用好所有能为企业赢得消费者的事实，哪怕是采用“伪逻辑”。图8-20所示为香飘飘广告，奶茶用“连起来可绕地球十圈”来表现其销量之高。

图8-20 “伪逻辑”突出销售论点

（6）提供次要的承诺

所谓“次要承诺”就是除产品本身外提供附加服务的承诺，在广告中常见的“五年保修”“七天无效退款”等就属于次要承诺，如图8-21所示。

图8-21 “次要承诺”增加受众信赖度

（7）熟记BFD文案公式

所谓“BFD文案公式”是指信念（B）、感受（F）、渴望（D），指同时能够在理性、感性、个人3个层面打动受众，相关分析如图8-22所示。

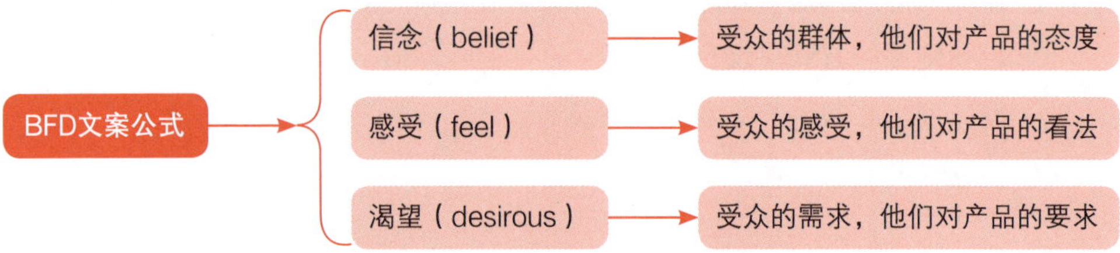

图8-22 “BFD文案公式”的相关分析

（8）说明清单提高“购买意愿”

所谓“购买意愿”，是指受众在收入一定的情况下，是否愿意按照市场上普遍的价格来购买产品。面对同样的两种产品，多数人都会选择价格较低的一方，产品想要在不变动价格的基础上提高市场竞争力，就要尽可能地将自身优势在文案中列举出来。

（9）长篇文案VS短篇文案

文案的长短是相对而言的，短的文案可以只有一句话，长的文案则可能达到上千字。文案的长短也没有优劣之分，只要是达到了文案的目标即可，关键要看产品的宣传需要，相关分析如图8-23所示。

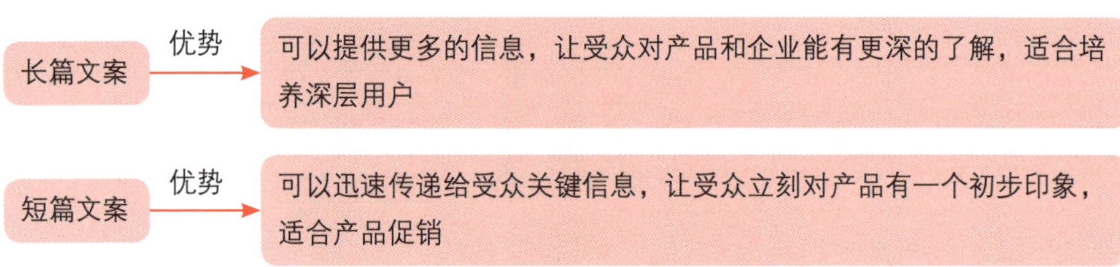

图8-23 长篇文案与短篇文案的优势分析

168

第9章

11个细节：为活动秩序保驾护航

无论是线上还是线下，每一场活动的成功开展都是建立在众多准备工作基础上的。而做好准备工作后，接下来就需要很好地执行活动了，要确保活动可以正常地进行，就需要在过程中维护好活动秩序。

本章将从落实活动、维护秩序和节奏控制等11个细节，详细介绍怎样为活动秩序保驾护航。

087 落实活动：反复确认流程顺畅无误

活动开始后并不意味着活动策划者可以高枕无忧地休息了，活动策划者的工作应当贯穿整个活动的始终。直到活动结束，活动策划者都应关注或参与活动现场工作。活动流程表是在活动筹备期间就制作完成的，但是在活动进行时还需再次确认一遍，确认现场工作人员都了解活动流程、熟悉自己的工作是什么、知道相关人员的任务是什么。

每一场活动都是现场直播，即使出了差错也无法重新开始，因此，确认活动流程表是在活动进行前确保活动顺利进行的最后一道屏障。活动策划者对这一工作必须确保落实。一些大型的现场活动，甚至会在活动开始前进行数次彩排预演来确保活动流程的顺畅无误。

088 维护秩序：确保活动进行顺利

活动现场失序是十分严重的问题，它会导致活动无法继续正常进行，即使是在网络上进行的活动，也难以避免这个问题。如图9-1所示，由于失序的人们在同一时段进入活动页面，导致服务器处理不及而崩溃。前几年的“双十一”活动，到了零点抢单时系统也经常崩溃，因为活动中购物的顾客太多。因此，在活动进行时活动策划者和其团队必须对活动失序问题严加防范。

特别是在线下，大型活动的失序往往会产生比较大的影响。同时，活动策划者也应该注意到，通常大型线下活动的失序并不是由大量的人造成的，因为活动现场都有负责引导的人员和措施，引起人群失序的往往是活动现场的不安定因素，比如人群中的情绪不稳定者捣乱或现场设施发生意外而引起人群恐慌失序。所以，可以从以下两个方面进行防范。

① 全面监控活动现场，及时排除影响安定的因素。

② 定时巡逻检查设施，实时确保活动现场的安全。

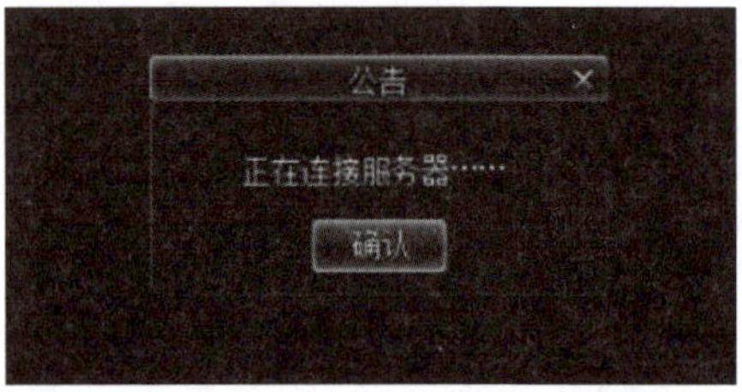

图9-1　服务器崩溃的活动页面

089 选择主持人：指挥台前为活动添彩

在活动的流程控制中，主持人的作用是至关重要的。如果说活动策划者是幕后的规划者，那主持人就是台前的指挥者，优秀的主持人能为活动增色添彩，合格的主持人能引导活动顺利进行，不合格的主持人则可能毁了活动，图9-2所示为主持人对活动的作用。

图9-2 主持人在活动中的作用

由此可见，活动策划者在决定主持人人选时，一定要提高要求，注意人选的职业素养。如果没有一个各方面技能突出的人选，也可以选择两个人主持或多个人主持，形成优势互补。

090 分配人员：分流引导受众参与活动

对于大型活动来说，参与者众多，太多的人聚集在一起容易引发诸多问题，这些问题常常会影响活动的顺利进行，所以活动进行时，活动策划者应将人员的引导分流问题考虑好、解决好。

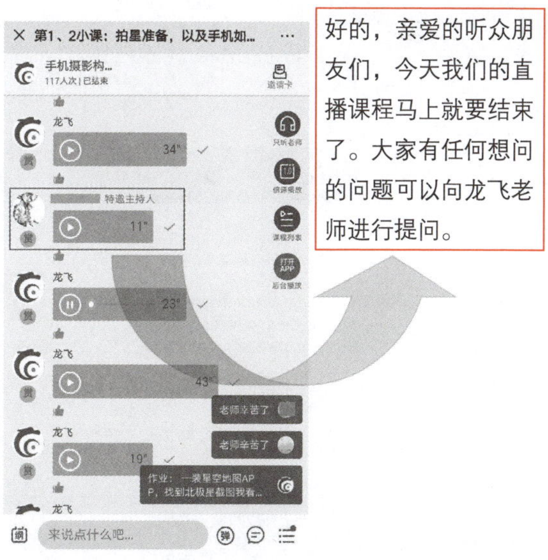

图9-3 引导受众配合活动

不管是线上活动还是线下活动，引导活动参与者有秩序地参与活动都是十分重要的工作。通常来说，最常见的就是引导参与者排队或引导参与者配合活动。如图9-3所示，由图右侧显示的内容来看，该主持人是在活动快结束时引导受众参与提问，配合活动。

此外，还有在活动现场的主要通道放置广告牌、贴挂宣传标语引导受众接受宣传等被动引导，如图9-4所示。

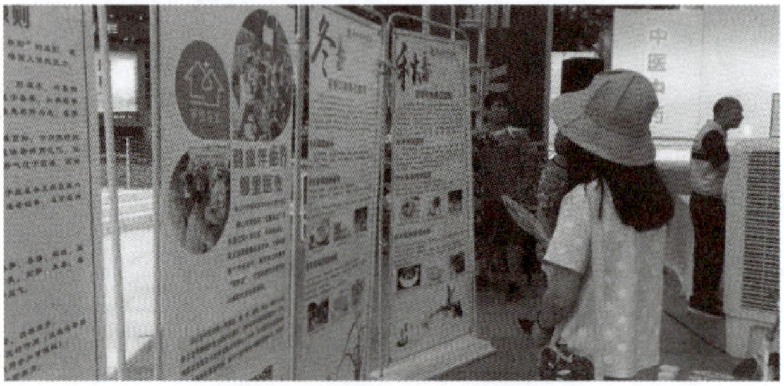

图9-4　放置在主要通道上的引导牌和广告牌

091 精美拍摄：为宣传工作锦上添花

在线下活动中，安排摄影环节和做好摄影工作是必不可少的，因为线下活动的摄影环节所留下的照片不仅可以作为活动参与者和举办方的纪念，还是后期宣传过程中必备的宣传资料。图9-5所示为手机摄影构图大全公众号开展的线下私房课课后活动宣传内容中的私房课现场照片。

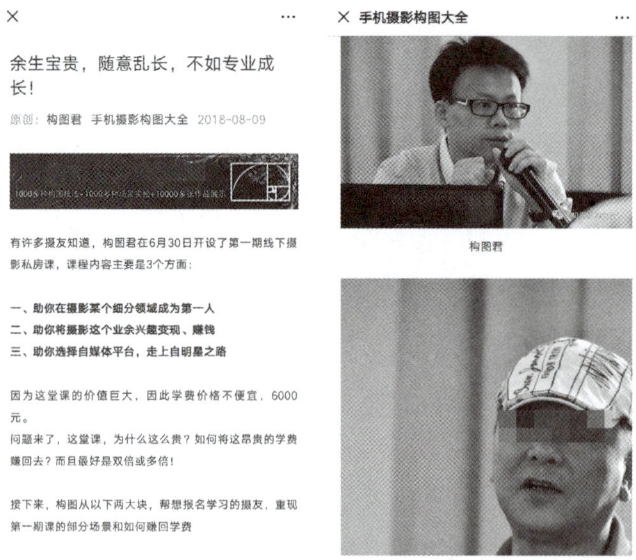

图9-5　线下私房课课后活动宣传内容中的私房课现场照片

那么，在线下活动的进行过程中，活动策划者应该做好哪些安排，才能确保活动现场的摄影工作符合参与者的纪念要求和品牌方的宣传要求呢？在笔者看来，活动过程中的摄影安排主要在于确定拍摄的内容。线下活动要拍摄的内容主要包括4个方面，如图9-6所示。

活动现场环境	关于活动现场环境，拍摄内容关键在于有助于宣传的，用于营造活动气氛的各种布置和表现活动现场氛围的场景，如现场横幅标语、装饰用的气球和现场热闹而隆重的场面等
嘉宾与参与受众入场情况	一般而言，活动现场的门口会安排专门的拍摄设备拍摄入场情况，特别是一些重要的嘉宾入场。另外，最好还要安排专人拍摄参与者入场的登记场面
活动过程的各个重要场景	嘉宾和参与者入场后，接下来的拍摄工作就是把活动过程中具有代表性的片段拍摄下来，如活动开始（开幕式）、重要人物发言、活动主题、参与者交谈场景、颁奖仪式（抽奖结果宣布）、活动结束（闭幕式）等
活动集体照	一般而言，拍摄活动集体照是活动过程中必须要做的工作，它对宣传活动和提升活动黏性（给参与者留作纪念）都具有重要作用。活动集体照包括全体人员集体照、主要嘉宾集体照、参与者集体照、获奖者集体照、活动工作人员集体照等

图9-6　线下活动要拍摄的主要内容

在拍摄过程中，要想确保拍摄内容能满足宣传需要，就需要注意4个方面的问题，具体分析如下。

① **拍好活动主席台：**在活动过程中，活动主席台是一个吸引众多目光的区域，也是很多嘉宾和具有代表性的参与者活动的区域。因此，一定要拍好主席台上的照片。

② **拍好重要人物的个人照：**在拍摄照片时，应该把照片中人物的神态表现出来。为了确保拍摄成果，可以启动连拍功能拍摄多张照片，然后选择理想的照片用来宣传和留念。

③ **不要忽略参与受众的拍摄：**活动参与受众是活动的主体之一，没有活动参与受众，活动也就无法进行。因此，拍摄工作万万不能忽略参与受众，要把他

们作为主要的宣传对象之一。基于此，应该对一些活动受众集中的大场景和一些比较典型、特别的场景多多拍摄，以备后期宣传时选用。

④ **不同光亮强度下拍摄多张照片：**在活动过程中，活动场地比较大，各个区域的光亮强度是存在差异的，这样就会导致无法同时拍清不同区域的照片，特别是主席台上和台下，此时就应该分别以台上亮度为基准和台下亮度为基准用不同曝光组合拍摄不同的照片，以备后期合成理想的宣传照。

其实，要做好拍摄工作，除了在活动过程中做好摄影安排外，还应该在活动进行前与摄影师沟通，让他们了解活动流程和基本情况，了解活动中的拍摄需要达到什么目的，然后再制定具体的活动拍摄方案。

092 核对嘉宾：随时调控活动环节

面对活动的参与嘉宾和受众，活动策划者除了应该引导好受众参与到活动的各个环节中，还应该做好参与嘉宾与受众的核对工作。特别是一些线下室内活动，出于活动场地有限和承载量的压力、活动安全等方面的考虑，让选定的活动嘉宾和受众参与活动，一般需要设置签到环节，以便进行核对。

虽然在活动策划环节和准备过程中就对参与活动的嘉宾进行了安排，也确认了他们能否如期抵达。但是，最终的嘉宾到场情况还需要根据签到情况来统计。因为通过电话、信息等途径确认能如期到场的嘉宾，可能会存在因为各种意外情况无法前来的情况。

了解了嘉宾的签到情况后，如果有重要嘉宾无法前来或无法如期前来，就应该做出合理的安排，按照突发状况来处理，确保活动能有序进行下去。

例如，对因为某一情况而无法如期前来的嘉宾，如果与之相关的活动环节可以调整顺序，就可以把相关环节放到后面进行；如果与之相关的环节不可以调整顺序，则可以与活动举办方协商，安排其他嘉宾参与，也可以让无法如期前来的嘉宾推荐合适人员承担该环节的工作。当然，如果与之相关的活动环节并不是不可缺少的，那就可以考虑删除该环节活动。

093 核对受众：为活动规划提供参考

普通的参与受众也可分为两种，一种是开放性活动的参与受众，一种是非开放性活动的参与受众。针对开放性活动的参与受众，其签到的作用是确定参与人数，确定活动规模——为后期活动总结和复盘提供数据参考。针对非开放性活动的参与受众，其签到的作用是通过受众的到场率，一方面思考前期宣传效果和活动的吸引力，另一方面可以方便现场管理和接待工作的进行，并为后续的活动安排提供参考依据。

094 分工合作：相互沟通避免疏漏

沟通在活动中十分关键，工作人员的工作是紧密相连的，他们之间的有效配合才能构成活动这一整体。越是大型的活动工作环节越多，工作人员也会相应地增加。俗话说："人多手杂"，众多的人员同时工作难免会出现疏漏。如果出现了疏漏，工作人员之间若不能沟通解决，那疏漏只会越来越多、越来越大，最后影响到活动的正常进行。

由此可见，确保工作人员之间沟通的顺畅十分重要，要做到确保沟通顺畅可以从以下两点着手。

① 确认各相关工作人员之间有通畅的沟通渠道。

② 确定统筹活动工作信息管理的人员或团队。

095 活动节奏：利用紧迫感加快成交速度

说到活动节奏，可能很多人感到很抽象，难以理解。下面以线上促销活动为例进行简单说明，帮助读者了解什么是活动节奏。

某线上促销活动在安排促销方案时，分为3个时段来吸引有效访客，达到促销目标。关于该促销活动的3个时段，具体介绍如下。

（1）开始时段

为了吸引有效访客，商家在开始时段推出了优惠力度比较大的折扣活动，同时也可以通过限制活动时间的措施来达到盈利的目标，特别是比较常见的一类能形成紧迫感的限时优惠活动，如图9-7所示的促销活动能刺激受众快速下单。如“全场低至99元起”“每周五至周天09:00—10:00”等。其中，在时间上有了一定的限制，除此之外的时间都没有这样的优惠。

图9-7　具有紧迫感的限时优惠活动

（2）中间时段

经过前期力度较大的优惠活动后，产品吸引了很多受众关注。此时访客的流量上去了，促销活动策划者应该安排比较平稳的优惠活动，也就是此次活动策划的预定优惠力度。在这一时段访问的受众，一般是一些更看重产品本身的消费者——只要产品优质、性价比不错，受众就会下单。因此该时段的优惠节奏明显放缓。

（3）结束时段

在促销活动中，一般都会存在一些虽然加入了购物车但没有付款的受众，在结束时段商家要做的事就是让这些受众付款，完成交易。商家在将要结束的时段安排的促销活动力度应该是比较大的，但仍然要稍微小于开始阶段，同时应该加强受众对活动节奏的感知，如提醒受众：产品将要恢复原价了，想要的从速购买。

从上面的促销活动划分的3个时段中，我们可以清晰地感知到活动的节奏感，此时，相信大家对活动节奏已经有所了解了吧。

096 控制时间点：用注意力加深受众印象

说到小说的情节，大家都知道包括4个部分，即开端、发展、高潮和结尾。其实，活动也是如此，它主要可分为5个时间点，即开幕、渐强、高潮、渐弱和落幕。其中，开幕、高潮和落幕是活动中应该重点把握的3个时间点。

而这些时间点的划分，主要是基于受众的注意力。关于人的注意力，从沟通的出发点来划分，可分为4种，即视觉主动注意力、视觉被动注意力、听觉主动注意力和听觉被动注意力，具体分析如图9-8所示。

视觉主动注意力 → 指人的视觉主动被吸引，从而引起注意力集中，如看到美景、美人等而驻足，就是视觉主动注意力作用的结果

视觉被动注意力 → 指人的视觉在自我意识主导下强迫产生的注意力集中，如学生看黑板上的内容，就是一种典型的视觉被动注意力作用的结果

听觉主动注意力 → 指人的听觉主动被吸引从而引起注意力集中，如听到优美的音乐，就是听觉主动注意力作用的结果

听觉被动注意力 → 指人的听觉在自我意识主导下强迫产生的注意力集中，如学生注意倾听老师讲解试题的声音、听领导发言等，就是一种较为典型的听觉被动注意力作用的结果

图9-8　对视觉与听觉注意力的分析

由图9-8可知，抛开视觉与听觉这两种不同的感官分类，人的注意力可分为主动注意力和被动注意力。而人的注意力在活动过程中的曲线变化，就构成了活动的不同时间点——从大的循环上来看，活动中人的注意力包括两个从被动注意力转化为主动注意力的过程。正是这两个转化过程中人的注意力的变化，构成了活动过程时间点的划分。关于人的注意力从被动到主动的转化，第一次是从开幕到高潮的转化，具体分析如下所示。

① **开幕→高潮：**第一个从被动注意力到主动注意力的转化过程。

② **具体过程：**在活动开幕时，人的被动注意力占据主导地位，此时受众在自我意识强迫下让自己去参与。

③ **其次：**随着活动的开展，这一过程中受众受到自我情绪影响的程度逐渐减少，人的被动注意力逐渐转化为主动注意力。

④ **最后：**在活动高潮时，人的主动注意力占据主导地位，此时受众完全被活动吸引，自愿去参加活动，融入活动中去。

在活动过程中，人的注意力在完成了第一个从被动到主动的转化过程后，紧接着就是第二个转化过程。因为当受众在活动高潮时自己参与活动的意愿得到满足，其心理期望也得以达成的时候，受众的自我情绪就会快速回笼，影响活动的参与意愿。此时活动就需要把握节奏，安排相应环节迅速进入从被动注意力到主动注意力的转化过程，直至闭幕。

关于第二次的注意力的转化过程，具体分析如下所示。

① **开幕→高潮：**第二个从被动注意力到主动注意力的转化过程。

② **具体过程：**在活动高潮过后，人的情绪回笼，也就是回到人的被动注意力占据主导地位的状况，受众强迫自己去参与活动。

③ **其次：**随着活动的开展，这一过程中受众受到自我情绪影响的程度又一次逐渐减少，人的被动注意力又重新逐渐转化为主动注意力。

④ **最后：**在活动闭幕时，也就是俗称的“压轴”阶段，心理期望顺利达成，人的主动注意力占据主导地位，此时受众完全被活动吸引，自愿去参加活动。

在这两次的转化过程中，如果没有让受众的注意力完成从被动到主动的转化，受众也没有顺利让心理期望达成，那么他们极有可能在活动高潮前和活动结束前离开，从而影响活动的效果。

例如，2019年中央电视台春节联欢晚会在安排节目时，把能表现大家意气风发状况、彰扬国家和民族发展主题的歌舞节目《我们都是追梦人》，放在了高潮部分，同时又把一首情感浓郁、激情昂扬的歌曲《难忘今宵》作为压轴节目。

综上所述，活动执行过程中应该控制时间点节奏，在开幕、高潮、落幕这3个时间点上，安排一些能吸引受众注意的节目，这样才能让活动举办成功。例如，很多的线下活动，一般在开幕时会有精彩的节目表演、领导致辞等，高潮部分会有重要产品、明星人物亮相等，落幕部分会有抽奖、压轴节目等，这些都是通过对时间点进行控制，合理地安排节目顺序的表现。

097 渲染氛围：搭配背景音乐调动受众情绪

说到气氛点，在开始时大家可能和不了解时间点一样，觉得很抽象，然而如果提到了一个与气氛点相关的概念，如背景音乐，就会瞬间明白气氛点是什么了，也就会明白活动中应该如何控制气氛点了。

图9-9 影片《泰坦尼克号》搭配背景音乐的示例

如图9-9所示的影片《泰坦尼克号》片段，正是男主人公为了救女主人公两人诀别的片段，搭配的背景音乐是有着忧伤旋律的歌曲《我心永恒》——歌曲中的每句歌词都扣人心弦，能很好地调动受众的情绪，把握影片的节奏点。

确实，音乐是一个能很好地调动受众情绪的媒介。在此，笔者就围绕背景音乐，以举例的方式来说明活动中气氛点的控制。

（1）药店促销活动

在促销活动中，背景音乐需要使用合适的音乐，以使消费者感到愉悦，使背景音乐的旋律与消费者听觉器官所感受到的节奏相吻合。只有这样，才能在一定程度上营造一种合适的活动氛围，刺激消费者下单，推动促销活动成功举办。

那么，药店应该如何安排线下促销活动的背景音乐，才能很好地控制活动的气氛点呢？下面将从两个方面来介绍促销活动的背景音乐安排要点。

① **选择合适的音乐种类。**对于药店而言，背景音乐首先应该遵循选择促销活动的背景音乐的一般法则，具体如图9-10所示。

不可播放伤感音乐 → 一方面是因为伤感的音乐容易调动消费者体内的伤感情绪，容易让他们失神，这对店内工作人员向他们进行促销宣传是不利的；另一方面，进入药店的一些消费者本身是处于烦恼、伤感等情绪下的，在伤感音乐充斥的环境下，更容易受到影响，最终可能会影响店内促销活动效果

图9-10

不可播放喧腾的音乐 → 药店是一个性质比较特殊的经营场所，喧腾的音乐是不符合店内气氛的，它可能会让消费者原本烦恼的心情变得更加糟糕，同时这样的音乐可能让店内工作人员无法进入工作状态

图9-10　药店促销活动的背景音乐应该遵循的一般法则介绍

② **不同时段选择不同的音乐。**活动策划者在控制气氛点的时候，还应该根据活动参与者所处的具体环境来选择背景音乐，以便更好地把握好受众的气氛点。具体说来，以一天为一个活动周期，那么其气氛点的节奏控制具体如图9-11所示。

活动策划者要注意的是，在活动过程中，虽然背景音乐是控制活动气氛点的有力媒介，但是要注意一个适度原则：一方面不能喧宾夺主，完全以背景音乐来控制活动气氛点，而是要适当加入一些介绍品牌和促销活动的信息；另一方面不能设置太大的音量，以不影响店内人员交谈的音量为宜。

药店一天内的促销活动气氛点控制 →

- 早晨，选择轻快音乐，叫醒处于迷蒙中的消费者和工作人员
- 上午，此时人的记忆力较好，可选择播放一些健康养生知识或介绍店内促销活动
- 中午，可选择一些节奏舒缓的背景音乐，给人们一个午后缓和的时间
- 下午，可选择的背景音乐类型较多，如轻音乐、流行歌曲均可
- 傍晚，用完晚餐后，可播放动感音乐，刺激消费者进店，提升兴奋度
- 晚上，药店关门前半小时，应播放节奏缓慢的音乐，让人的参与意愿和参与感受降低

图9-11　药店一天内的促销活动气氛点控制

（2）婚礼活动

相对于上文介绍的药店来说，婚礼活动现场的音乐在气氛点的控制上具有更重要的作用。因此，活动过程中的各环节的背景音乐应该做好搭配，这样能很好

地烘托气氛和衔接各个环节。关于婚礼的背景音乐，以一些环节为例，具体如下所示。

① **婚礼开场：**中式婚礼可以选择《百鸟朝凤》《好日子》；西式婚礼可以选择《回旋曲》《薇丽亚之歌》。

② **新人进场：**婚礼进行曲，中式婚礼可以选择瓦格纳的《婚礼进行曲》，西式婚礼可以选择门德尔松的《婚礼进行曲》。

③ **新人致辞：**爱情誓言类，中文可以选择《甜蜜约定》《就是爱你》，外文可以选择《I Swear》《Perfect Moment》。

④ **家长致辞：**嘱托与祝福，中文可以选择《一路上有你》《天生注定》，外文可以选择《Your Song》《First of May》。

⑤ **交换信物：**突出“珍爱”类，中文可以选择《戴上我的爱》《甜蜜蜜》，外文可以选择《Everything I Do》《Sweet》。

⑥ **新人退场：**简单喜庆类，中文可以选择《简单爱》《跟着我一辈子》，外文可以选择《In You》《I Believe》。

无论是线下活动还是线上活动，其持续时间少则一两个小时，多则几天甚至十几天，所包含的信息内容是很多的，然而真正能被受众记住的又有多少呢？在笔者看来，能记住的信息是有限的，且随着时间的推移，完全有可能湮灭在记忆长河中。

活动策划者想要让活动成功，就应该在活动执行过程中打造一些能被受众记住的东西，这样的影响才比较长久，特别是对一些致力于提升品牌知名度和辨识度的活动来说，更应如此。

例如，大家熟悉的“德芙巧克力”品牌宣传活动，其广告词有很多，但是能让人记住的可能是“纵享丝滑”和“丝滑享受”吧。图9-12所示为德芙巧克力的品牌广告宣传。

图9-12　德芙巧克力的品牌广告宣传

作为宣传德芙巧克力的两个广告，其广告宣传中并不是只有这两句，那么为什么它们却给受众留下了更深的印象呢？

关键就在于记忆点的打造：德芙巧克力的优质如丝滑般的细腻口感，是很多品尝过德芙巧克力的人的共同感受。可见，产生记忆点的一个原因是能让受众产生情感共鸣和心理共鸣。

当然，在策划活动的过程中，为了让受众的记忆点更深刻，还应该注意一点，那就是在宣传活动和活动执行过程中，突出活动主题，强化宣传重点，弱化次要特点。就如德芙巧克力一样，品牌宣传中强调的是其口感方面的突出特点——“丝滑”，然后让受众在产生心理共鸣的情况下记住。

其实，除了突出活动的主题、宣传的重心外，活动策划者还可以通过活动氛围来营造手中的记忆点，特别是把活动与时事热点相结合，更能让人印象深刻。

第10章

12个操作：为活动收尾锦上添花

活动执行后，并不表示与活动相关的工作已全部结束，只有做好后续的相关工作，才有利于大家了解活动，认识到活动的具体成果。本章将从清场收尾、总结复盘、各方面评估和活动资料的存档这12个操作，详细介绍活动执行后应该做好的工作。

098 疏散人群：有序退场防止事故发生

在活动的策划与执行中，活动结束后并不表示活动策划者的所有工作都已经做完了，因为此时他们还需要进行清场、收尾工作。**所谓“清场”，指的是清点现场，清退所有在活动现场的人员。**所谓“收尾”，即做完活动的最后一部分工作。

这里的“人群”，主要是指参与**活动的嘉宾和受众**。那么，对于这类人群，活动策划者应该如何合理地进行疏散呢？其实，与活动入场有类似之处，它也要求活动策划者安排好退场秩序和退场方式等。

（1）退场秩序

活动策划者应该在活动将要结束时就做**好嘉宾和受众退场的准备工作，安排相应人员引导他们退场**。对一些重要的嘉宾和受众，活动举办方和活动策划者还应该予以特别关照，提升他们参与活动的体验，为活动的后续宣传工作和树立口碑奠定基础。

特别是在促销活动中，对于那些大订单受众和有实力的潜在目标受众，应该在建立好联系的基础上，再一次承诺好产品订单，并做好送客工作，以便让受众第二次、第三次回购。

（2）退场方式

在疏散人群时，还有一项工作要做好，那就是安排好受众退场的方式，特别**是当活动现场处于交通不太便利的地方时，更要安排好车辆、司机和班次，让活动参与受众能轻松、有序地离场。**

099 清点物料：查看所用物品是否齐全

活动结束后的清点物料，主要是指对需要**回收的物料进行清点。从物料类型来说，包括搭建活动现场的物料和活动物料。**前者如LED显示屏、舞台搭建、音响等，后者如抽奖箱、抽奖券、礼品等。其实，活动物料有很多，但从其作用来看，主要包括以下4类。

① **舞台装饰物料：**如舞台桁架、背景板、帐篷、签到桌、鲜花绿植等。

② **现场包装物料：**如彩虹门、高空气球、功能区导示牌、警示牌、花篮等。

③ **销售产品物料：**如收据、销售合同、活动促销宣传册、手提袋、价目表等。

④ **活动必备物料：**如邀请函、礼品、抽奖机、奖品、饮用水、一次性水杯等。

在清点物料时，活动策划者应该从哪些方面着手呢？一般说来，应该包括3个方面，具体如图10-1所示。

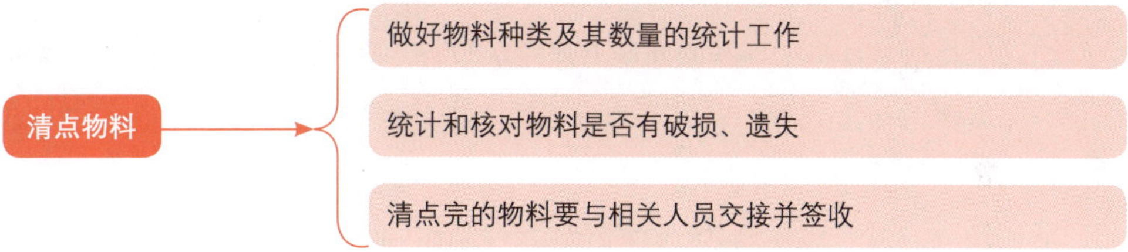

图10-1　清点物料应该做好的3个方面的工作

100 清理垃圾：收拾场所收回押金

在活动策划与执行工作中，除了应该对需要回收的物料进行清点，以免遗失外，还应该**对不需要回收的物料进行清理，作为垃圾运到相应的地方，确保活动现场结束后的干净整洁，不能留下一片狼藉。**在活动现场清理垃圾时，活动策划者要注意把握时间，因为活动场地的使用是有时间限制的，它要求必须在一定时间内撤场，因此，在清点完需要回收的物料后，要立刻进行垃圾清理，快速离场。对活动举办方和活动策划者来说，还应该与活动场地的所有者做好交接工作，核对无误后回收押金。

101 清退人员：盘清现场做好善后工作

活动现场的人员除了活动受众外，还包括相关工作人员。对这些人员，也应该做好清退工作。换句话说，对外聘的人员应该按照规定结算好工资后清场，对非外聘人员应该按照规定让其做好善后工作，如工作证件的回收、出入证的回收等。

特别是对一些在异地举办的活动，活动策划者应该在撤离时清点人数，以免发生部分或个别人员被留在活动现场的情况。

102 累计评价：总结复盘工作积累经验

完成活动现场的清场收尾工作后，活动的执行暂时告一段落。但是，对于整个活动的成果，**活动策划者和活动举办方都会迫切希望有一个定论，以便衡量活动是否成功。此时就需要对活动进行总结复盘。**

活动的总结复盘是一项既能衡量活动成功与否，又能为后续活动提供参考的工作，是需要活动策划者加以注意和重视的。本节将从3个方面来介绍活动的总结复盘工作。

活动结束之后，最好制作一个评估调查问卷，向员工、参与活动的媒体投放，了解他们对活动的满意度，以便为以后活动策划提供思路。

活动策划者在制作评估调查问卷时，需要明确两个内容，即**评估的目的和评估的内容。活动策划者需要根据评估目的确定评估内容，常见的就是对整个活动进行评估，找出活动开展过程中的优缺点，积累经验，以便让以后的活动策划更加完善。**

一般来说，活动策划者可以针对4个方面进行评估，如图10-2所示。

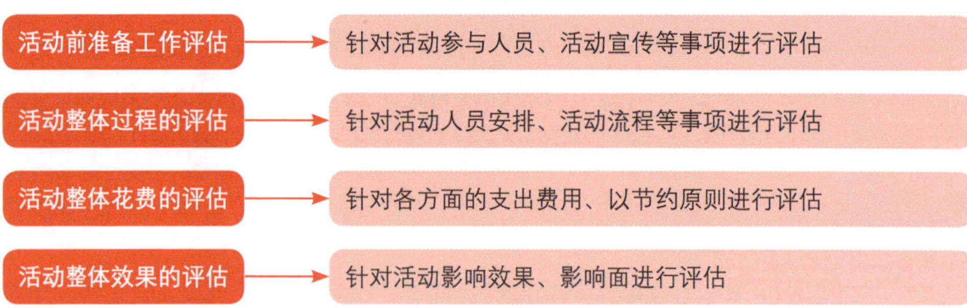

图10-2　进行评估的4个方面

以某产品新品发布会为例，针对活动整体效果、制作一个简单的评估调查问卷来进行评估，其中评估调查问卷可以从4个方面进行调查：**直接询问是否对活动整体满意；对产品是否有不同的意见；活动节目是否满意；活动内容是否**

记住。

下面就来看看针对活动整体效果的评估调查问卷模板，如图10-3所示。

某新产品发布会活动评估调查问卷
此栏写致谢言以及调查问卷的目的
1. 您对此次活动满意吗？（ ） A. 很满意　B. 满意　C. 一般　D. 不满意 原因________________ 2. 您喜欢活动的现场效果吗？（ ） A. 很喜欢　B. 喜欢　C. 一般　D. 不喜欢 原因________________ 3. 您喜欢活动的音乐效果吗？（ ） A. 很喜欢　B. 喜欢　C. 一般　D. 不喜欢 原因________________ 4. 您喜欢活动的节目吗？（ ） A. 很喜欢　B. 喜欢　C. 一般　D. 不喜欢 原因________________

图10-3　评估调查问卷模板

103 活动总结：收集资料奖罚相关人员

活动结束后，除了要收集来宾的感受评价外，活动组织者还会召集相关人员对活动进行总结。这样的召集活动可大可小，可以是类似于庆功会的晚会，也可以是全程发言式的会议。

但是，无论是什么性质和规模的活动总结会，都离不开对相关人员的奖惩、对活动相关事项的总结和对活动进行复盘。其中，对活动进行复盘将在下一小节中介绍，因此，本小节主要介绍前面两个方面的内容。

（1）对相关人员的奖惩

在活动策划和执行过程中，活动团队中个人和小组的表现是存在差别的。因此，有必要对其中有**突出表现的个人和小组进行表扬，鼓励他们再接再厉；对一些表现不好的个人和小组做出简单批评，希望他们在以后的工作中加以改进**。这样才能充分调动活动团队的工作积极性，同时也有利于帮助大家进步。

（2）对活动相关事项进行总结

一个完整的活动是由多个流程组成的，每个流程有其相似要完成的事项。对这些事项，在活动总结会上有必要进行讨论和总结，让大家充分发表意见，以期找出问题和解决办法；同时，总结好的经验，为以后的活动策划和执行提供借鉴。

一般来说，对活动相关事项进行总结，应该包括以下几项内容，如图10-4所示。

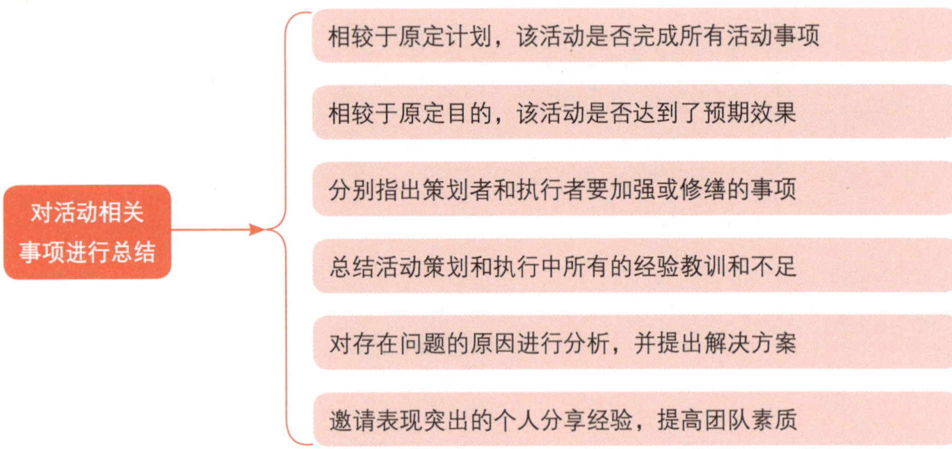

图10-4　对活动相关事项进行总结的内容分析

活动策划者和执行者要注意的是，**活动总结会的各项数据和结果都是基于活动的整体效果而言的，是对活动的粗略评价**。要想更深入地了解活动的结果，还需要对活动的相关事项进行更详细的评估。例如，可以了解活动花费的成本和成功签单的营销额，至于更加具体的数据，如每一家门店的销售额、活动各个方面的成本以及更加细化的一些数据，将会由后续的评估来进行解答。

当然，在活动总结会上让活动相关人员充分发言，并不是让大家推诿责任，把活动中存在的问题和产生不足的原因推给对方，而是需要大家从自身角度出发，进行深入沟通，不断地找出活动中的问题和不足。特别是对存在争议的问题，需要清楚地明白问题到底出在哪，是策划时考虑不足，还是活动执行不到位，抑或是双方沟通和理解上存在差异？然后逐一解决，为日后开展相关活动能更加到位和取得更满意效果提供指导思想。

104 活动复盘：寻找问题积攒经验

从某些意义来看，复盘的内涵大于总结。对活动进行复盘、推演，有助于活动策划者和运营者发现难以注意到或是容易被忽略的细节问题，可以及时地更新活动策划者和运营者的活动处理经验和技能。

可见，活动复盘与上述内容中对活动相关事项进行总结是不同的：对活动相关事项进行总结，重在从整体上来总结，重视综合评价；而活动复盘重在从细节上把控，一步步、一项项还原活动，从中寻找经验和问题，为下次活动总结经验。

那么，在对活动进行复盘时，应该如何找准复盘的方向，以便做好复盘工作呢？具体说来，其方向有3个，如图10-5所示。

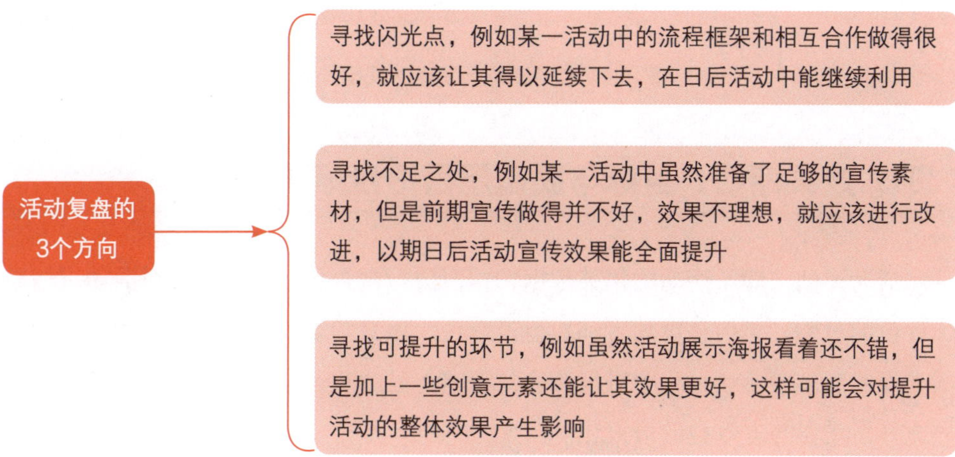

图10-5　活动复盘的3个方向

其实，复盘的3个方向也是活动总结和活动评估的重要方向，只是侧重点不同而已。当然，这3个方向上某些内容是互通的，可以在其他两项工作执行后直接搬过来使用，从而减少一些工作。

确定了活动复盘的方向后，就需要参与活动策划和执行的所有人员加入进来共同讨论，做到360度无死角复盘。此时，需要明白活动复盘的各个视角，也就是说，应该从工作人员、嘉宾和受众等视角来对活动进行复盘，具体如图10-6所示。

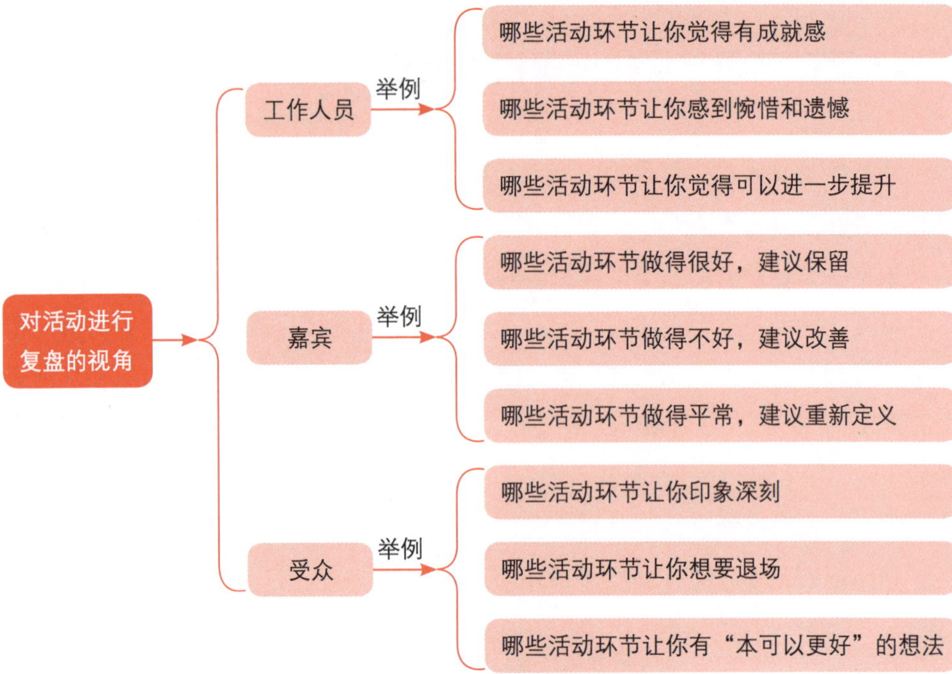

图10-6　对活动进行复盘的视角分析

105　效果评估：目标与质量是否符合标准

活动评估，即对活动的相关数据和情况进行调查与分析，从而对活动进行总体评价的过程。对活动策划者和执行者来说，做好活动评估有众多作用，如积累活动经验、减少活动过程中可能产生的浪费等。通过这些作用，最终实现活动举办方和活动参与方效益的最大化。

在前文中曾介绍过**活动举办的根本目的：既可以是宣传，也可以是盈利。其实，活动效果评估就是围绕活动的根本目的而展开的评估**。从内容上来看，活动的效果评估主要包括3个方面，具体分析如下。

（1）活动发起方式——所要求达到的活动预期目标是否达成

对活动的发起方来说，他们所关注的是活动是否能达成预期目标。也就是说，如果是以宣传为目的的活动，活动发起方会对**活动的关注和参与人数、传播**

范围和转化效果等进行评估；如果是以盈利为目的的活动，活动发起方会对活动的参与人数、活动成交额和销售额等进行评估。

关于活动预期目标是否达成的评估，笔者认为有两个数值不可忽视，那就是**冲高回落值和活动受众增长率。**这两个数据对于评估活动结果，特别是以宣传为目的的活动结果非常重要。

① 冲高回落值。此处的冲高回落值引用的是股票的已有概念，其在股票市场上的具体含义如下。

- “冲高”，是指分时图上当天的股票价格，突然向上无限量的飙升，达到一个峰值。
- “回落”，是指分时图上当天的股票价格，在达到峰值后又突然在有成交量的情况下下跌，其上涨趋势回缓。

被引用到活动评估中后，冲高回落值是针对整个活动来说的，而不是某一时的活动，且计算的内容大多与受众数量有关。其计算公式为：

$$\text{冲高回落值}=\frac{\text{活动结果数据}-\text{活动开始数据}}{\text{活动峰值数据}}\times 100\%$$

利用这一公式计算出来的冲高回落值，是判断活动效果好坏的重要依据，具体内容如下。

- **如果其数值非常低，表示活动的效果就不好。**
- **如果其数值为负数，表示活动起了反作用。**
- **如果其数值比较高，表示活动的效果非常好。**

冲高回落值计算公式中的“活动结果数据”和“活动开始数据”不可以任意选择，它一般要求是受众的行为处于稳定状态下的数据。

② 活动受众增长率。在对活动进行评估的过程中，除了冲高回落值外，还有一个重要的指标，那就是活动受众增长率。这一数值可以有效评估活动的长期效果。其计算公式为：

$$\text{活动受众增长率}=\frac{\text{活动结果数据}-\text{活动开始数据}}{\text{活动开始数据}}\times 100\%-\text{自然增长率}$$

在这一公式中，“自然增长率”指的是没有进行活动运营时的受众增长率。

利用这一公式计算出来的活动受众增长率，也是**判断活动效果和效率高低的重要依据，特别是在活动对受众的引流方面，通过这一数据可以轻松得出结果。**

具体分析如下。

- 如果其数值非常低，表示通过活动转化来的受众数量几乎没有什么增长，活动效率低，活动效果不好。
- 如果其数值为负数，表示通过活动不仅没有促进受众增长，反而在原有的受众增长上有所退步，活动出现了反向结果。
- 如果其数值比较高，表示活动转化而来的受众数量多、活动效率高、活动效果好。

（2）活动本身——策划和执行时是否能保证活动的质量

对活动本身来说，**活动在策划和执行时是否能保证活动质量是评估的主要内容。**特别是在活动执行过程中，尽管有时活动策划时考虑周到，仍然会因为意外情况而无法保证活动圆满完成或根本无法再进行下去，那么活动效果评估必然是不理想的。

可见，从活动本身来说，活动质量的评估主要取决于两个方面，具体分析如图10-7所示。

活动策划时 → 包括活动是否可执行、活动预算资金是否能到位、活动各事项是否考虑周到和是否安排了应急处理方案等

活动执行时 → 包括活动是否按照程序执行、是否出现了突发情况和活动执行者是否具备灵活的临场应变能力等

图10-7　影响活动质量评估的两个方面

（3）活动受众——对所参与的活动是否感到满意

从活动受众方面来看，他们对所参与的活动构成了活动效果评估的一项重要内容。因为受众既是活动的目标人群，也是让活动能全面开展起来的人气支撑；而且，受众对活动是否满意，是活动效果比较直接的反映。只有当有着如此重要作用的受众感到满意了，才能说活动的效果可能会是理想的。

106　影响力评估：波及范围和程度的不同

关于活动的影响力评估，人们首先想到的可能就是那些大型活动对社会、政

治和经济所产生的巨大影响，如体育盛会、大型公益活动和国家年度晚会等。其实，**无论是什么规模的活动，它都能产生一定的影响力，只是影响的波及范围和程度有所不同而已。**

一般来说，活动的影响力，从与活动相关的主体及宣传媒体角度来说，主要从以下4个方面来进行评估。

（1）活动发起方

对活动发起方来说，活动的影响是存在巨大差异的：**有些活动的影响可能是一时的，有些活动的影响可能会一直延续下去。**特别是一些旨在提升品牌知名度和树立品牌形象的活动，其影响力可能一直伴随着品牌的成长与发展。

如图10-8所示的为“拼多多”品牌赞助活动，随着节目和活动的影响加大，品牌方的知名度和品牌形象自然而然也会得到提升。随着《快乐大本营》这一综艺节目的连续推出，其品牌赞助商之一的“拼多多”，借助《快乐大本营》所拥有的超高的国民喜爱度和强大的粉丝基础，不断刷新其存在感。

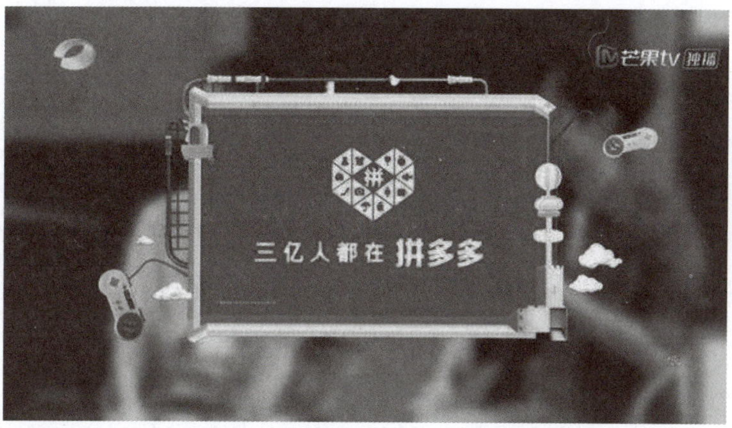

图10-8 “拼多多”《快乐大本营》品牌赞助活动

（2）活动受众

在活动评估中，涉及活动受众的很多方面都需要考虑到，如上文中的活动效果的评估，还有此处要**介绍的活动影响力的评估，都会有活动受众的存在**。那么，活动受众的影响主要表现在哪呢？

一般来说，活动对受众的影响力的表现是多样的。例如，营销类活动对受众的影响是让他们认识品牌、购买需要的产品；如果是长期使用的产品，可能这种影响力将会非常持久。又如，娱乐类活动对受众的影响主要是精神层面的——让受众感到愉悦，有时还伴随着娱乐文化的熏陶。

（3）工作人员

对工作人员来说，活动的影响力包括对内和对外两个方面，如图10-9所示。

对内 → 活动过程中积累的经验和受到的启发，能提升工作人员的活动策划能力和活动执行能力，这将是一笔巨大的精神财富

对外 → 活动如果能圆满成功，并能获得举办方和受众的广泛好评，那么活动策划和执行过程中的工作人员和团队的知名度也会得到提升，将会有更多企业和品牌来找他们策划和举办活动，能在很大程度上扩展团队和所在企业的业务

图10-9　工作人员方面的活动影响力评估

（4）宣传媒体

对宣传媒体来说，知名的、大型的、好评如潮的活动的影响力也是巨大的。这种影响力是分层次的，不仅能通过最初的活动信息的传播产生宣传效果，还能通过这些活动信息产生二次传播，从而让影响力成倍增加。

107　成本评估：评价本钱花费是否值得

要开展一场活动，需要花费较多的成本，以游戏为例，其成本包括物料、设计、开发和经营维护等。一般来说，评估活动的成本需要关注两个方面，**一是活动成本与活动预算的比较，二是活动成本与活动营销额、活动效果的比较。**

从活动成本与活动预算的比较来看，如果评估结果超出预算太多，那么就需要活动策划者和活动执行者进行仔细分析，找出原因，并对多出预算的部分成本（物价和其他不可抗成本除外）进行活动效果与价值的评估。

① 当超出部分的成本所创造的价值和产生的活动效果对企业和品牌能产生足够积极的影响，那么这一部分成本是值得的。

② 如果超出部分的成本所创造的价值和产生的活动效果很小，或者几乎等于没有，那么这一部分成本可以认为是浪费的。

从活动成本与活动营销额、活动效果的比较来看，基于“付出什么”也许就会“得到什么”的观点，不管是预算内的成本还是预算外的成本，每一分钱都应该有其价值，否则，活动的成本评估结果就是不理想的。

在活动策划和执行过程中，相关人员也不可完全基于节约成本的目的来开展活动，而是应该把活动的预算和成本控制在一个合理的范围之内。否则，因为想要节约成本而在人力、物料和设备等方面进行不合理的缩减，最终会影响活动效果。因为活动已经举办了，也花费了一定成本，结果因为节约一部分成本而影响了整体的活动效果，这是得不偿失的。

108 时间评估：按计划表对待差距问题

与成本评估需要基于预算而言一样，时间评估也要基于活动策划过程中的时间安排表来进行。而且，要注意的是，无论是成本评估相较于活动预算，还是时间评估相较于时间安排表，都有可能存在一定差异，且无法完全与策划阶段保持一致。

基于此，**对活动的时间进行评估，需要根据具体情况来完成。一方面需要了解活动时间与时间安排表之间的差距，是否在合理范围内；另一方面**，还需要认真对待活动时间与策划阶段的活动时间安排表之间存在的差距问题。那么，具体应该如何对待其中存在的问题呢？具体如图10-10所示。

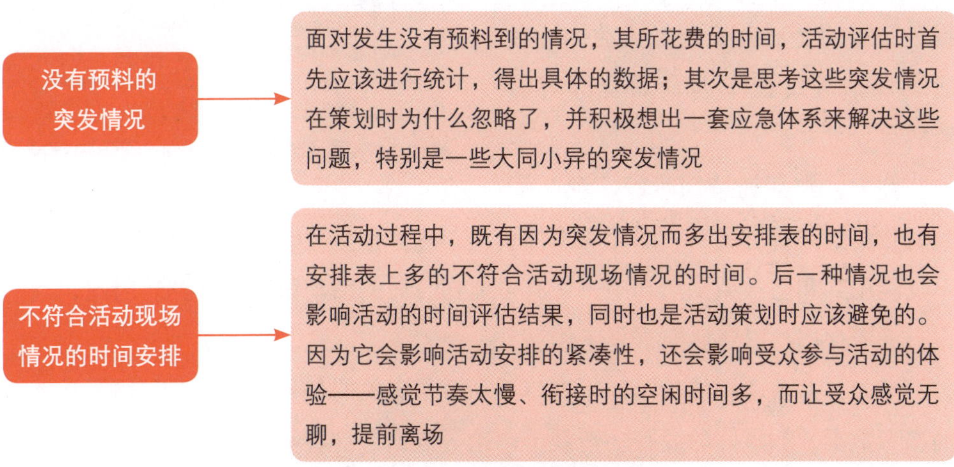

图10-10 分析活动时间差距问题

109 资料存档：撰写报告以及有效文件

完成了活动的清场收尾、总结复盘和评估后，接下来就是最后一个环节——将与活动相关的资料整理并存档。对此，主要要做如下两部分的工作。

（1）撰写一份活动总结报告书存档

活动结束后，相关人员应该撰写一份活动总结报告书，陈述活动相关资料，用于存档，以备日后查询和了解。一般来说，活动总结报告书采用表格的形式来撰写，具体内容包括主办部门（单位）、活动名称、活动时间与地点、活动目的、活动内容、活动经费、活动完成情况和活动总结等，如图10-11所示。

编号———

主办部门	生活部	活动名称	活动
活动对象	全体在校学生	时间、地点	年3月22日上午，门口
活动目的	本次活动旨在提高，让了解到现状，通过我们的宣传和倡导让意识到。使逐渐养成好习惯，形成风气，创造出氛围。		
活动内容	1．通过宣传海报的形式向大家宣传，同时进行签名活动并向签名赠送书签。 2．准备一个空展板和一些便利贴，鼓励大家写一些的标语或方法贴在展板上，让更多的人参与到这个活动中来，亲力亲为。 3．活动期间组织张贴一些标志和倡议书。 4．与新闻中心取得联系，在广播中宣传以“ ”为主题的相关知识。 5．活动结束后，参与活动人员负责打扫活动现场卫生，维护好良好形象。		
经费预算	横幅两张 70（1张） 海报若干 80+30×7=290 书签 0.5×500=250 标志 50 签名用笔 2×4=8 便利贴 10 其它 22 总费用 70+290+8+10+22+250+50=700 元		
实际经费使用情况			
活动完成情况	活动正常拉上帷幕，在一定程度很好，通过联谊签名让保护工作中。在活动结束当天，留下部分有纪念意义的宣传海报继续放在活动现场，让的意识深入的心里。		

图10-11　某活动总结报告书的部分内容展示

（2）其他与活动相关的资料

在对活动资料进行存档时，除了活动总结报告书外，还应该包括其他与活动相关的资料。这里的“资料”，指的是活动策划、活动执行和活动评估等过程中涉及的全部有效资料。

例如，在活动策划阶段，活动策划者收集到的所有文字、图片和影像资料，这些都是花费了一定时间和精力的，不仅能用到和已被用到活动中，还有可能在日后的活动策划中用到。因此，这些也有必要存档，以免后期重复工作。

又如，在活动评估阶段，所有与活动效果有关的各种评估数据都是非常重要的参考数据，如媒体的发布、转载、评论等数据。这些都为活动的总结提供了客观的依据，是让人们了解活动效果的有效支撑。

第11章

10项攻略：掌握节假日策划方案

节假日一直都是企业开展活动的契机，活动策划者需要掌握节假日活动的策划要点，只有这样，活动策划者才能巧妙地借助节假日的气氛，顺势实现活动目的。本章将讲解节假日活动策划的相关内容，希望读者学完以后可以举一反三，策划出更多成功的节假日方案。

110 节日优势：借气氛用优惠回馈受众

在当今社会，节日与我们的生活息息相关，那些生活中值得纪念的特殊日子成了节日。那些从过去延续至今的节日也是我国传统文化的一部分。因为地方差异、风俗习惯的不同，人们也会根据这些选择去参加、举办各种各样的活动。而要想一场节日活动举办得有价值、有意义，离不开好的活动策划。

一般来说，有很多节日都是由历史和社会发展传承下来的，一直有着很大的影响力，像端午节、清明节、国庆节等节日属于纪念意义的节日，而劳动节、植树节等节日则属于适合提倡运动的节日。**节日的属性不同，节日的内涵和庆祝方式也会不一样，所以在这样的日子里举办活动，可以借助其特殊性获得更多的优势。**具体表现分为以下三个方面。

① **借助氛围：**与平常不同，节假日更多地感受到的氛围是喜庆，所以活动可以借助这样的气氛发起，让受众感同身受，影响他们的情绪，再加上活动的大力宣传，受众也会比较容易被带动起来，从而愿意参加活动。某种程度上来说也能更好地让受众认识企业品牌及其产品。

② **给出回馈：**通常情况下，如果企业、商家无缘无故就向受众提供礼品和福利，受众都会怀疑其目的到底是什么，甚至有时还会对企业的品牌形象产生怀疑。毕竟在现实生活中不会有天上掉馅饼的好事，所以很多企业和商家都会选择一个合适的时间，如节假日给受众提供优惠，就算是优惠力度比较大，受众也不会感到奇怪。相反，受众还希望优惠力度更大一些，这样他们也会关注得更多一些。

③ **占领市场：**一般来说，很多企业、商家在经营一段时间后，发现自己的产品销售反响平平、没有水花，这个时候节日活动就是一个很好的机会，可以利用促销、宣传活动让更多的受众认识自己，还可以增加创意，从而成功占领市场。

例如，某企业以中秋为主题的促销活动，用优惠吸引受众，如图11-1所示。

图11-1 借助节日的促销活动

111 注意事项：借助优势达到预期效果

活动策划者在策划节日活动时，可以借助很多优势来促进宣传与营销，那么如何利用这样的优势策划一场预期效果佳的节日活动呢？可以从三个方面来进行分析。

① **选好主题：**因为是借助节日来进行的策划，所以可以**以节日的名称作为活动名称或者主题的参考，让受众理所应当地认为此次活动的中心是以节日为主的**，当然活动主题可以创新地加上一些吸引眼球的词汇，还可以把优惠策略及品牌、节日都放上去，如图11-2所示为主题与节日名称相结合的活动。

图11-2　主题与节日名称相结合的活动

② **发放福利：**如果要想一场活动足够吸引受众，那就要站在受众的角度进行考虑，因为对他们来说，**只有活动的福利才能使其主动去关注活动，同样的，福利越大越能吸引他们**。例如，图11-3所示为某电商平台的优惠活动。

图11-3　某电商平台的优惠活动

③ **营造氛围：**虽然利用节日的喜庆气氛进行宣传和营销也是节日活动的一大优势，但是如果想要在活动过程中达到预期的活动效果，还要根据周围环境营造出相应的喜庆气氛，这样才能感染受众，让受众喜欢从而愿意去关注。

112 自造节日：主动出击打造时机

如果说之前讲的都是由历史传承和社会发展留下来的节日，那现在就来说一说没有这些节日的情况下，该怎样去进行品牌的宣传推广和营销呢？根据广大受众的需求再结合时间就产生了自造节，在生活中最常见的如淘宝“双11”和京东“618”等。

由此可见，**很多企业为了宣传品牌和营销造势，即使在没有节日的时间段里，也会自己主动出击选择一个合适的时间**出现在受众面前，营造自己的存在感，当这个理由和时间在受众心中形成了固定日期，就产生了“自造节”，如图11-4所示。

图11-4　“618”自造节

拿自造节日和传统节日对比，其劣势中最为突出的是：当企业和品牌的影响力不够，又或者活动的设计没有创意时，自造节日的活动策划，其成功的可能性很小，失败后甚至会影响到企业与品牌之后有关自造节日活动的策划。

凡事都有两面性，**抛开劣势，自造节日的优势是可以加以利用的，其对企业和品牌的宣传推广与营销都有帮助。**下面就来介绍一下自造节日活动策划的相关优势。

① **塑造形象：**企业和品牌能想到自造节日的方法，表明该企业的策划团队是具有创新思维的。受众可以从中感受出来，还会认为该企业和品牌的想法一定是超前的，企业和品牌在受众心中的形象也就建立起来了。

② **贴上标签：**一场自造节日的活动策划若是成功了，那它带来的影响是巨大的。从活动成功的那一刻起，无疑给企业和品牌贴上了一个标签，以后受众只要想到这个自造节活动就会联想到该企业和品牌。哪怕以后有其他的企业和品牌想要效仿，也不会让该企业和品牌的这个标签消失。

③ **提升关注度：**一旦自造节日成功，贴上这个标签的企业和品牌也会随着自造节日的影响逐渐提升自己的知名度和曝光度。像“双11”“618”等这样的大型电商活动，从它们活动期间的交易金额和数量，可以看出活动的影响力是多么巨大。可见，受众对一个企业和品牌关注度的提升，会带动这个企业和品牌的影响力的提升。

④ **促进销售：**随着曝光度和关注度的增加，受众也会因为自造节日的影响，习惯性地去选择购买自己关注的企业和品牌的产品。促销策划吸引了受众，其销售量也会随之提高。

113 选定日期：以企业品牌结合为基础

俗话说，万事开头难。每一个自造节日从一开始就需要考虑很多方面，比如活动的时间、地点、人物等。

自造节日，顾名思义肯定离不开日期。日期也是活动策划的基础，日期的选择很关键。**肯定不能随随便便选择一个日期作为自造节日，可以根据以下4个方面来确定自造节日期。**

① 将所有平台、企业和品牌产品都统计出来，让自己心里有底。

② 活动主打产品的选择很重要，可以结合市场调查情况及产品自身特色和性价比来进行选择。

③ 利用想象力选择一个日期，使其跟企业和产品扯上关系，可以趣味性地设想。

④ 最后打造自造节日的形象，面面俱到，随后便可向外界传达信息。

114 价格取胜：用低价吸引受众进行促销

对企业和品牌来说，自造节日的根本目的是促进产品销售，获得盈利。而自造节日活动其中的一个优势，就是**利用优惠力度大大吸引受众，那么我们可以从产品价格的优惠程度这方面入手**，比如我们可以做满减活动、第二件半价、买一送一等，这些都是利用价格来吸引受众的促销活动，促进产品销售，从而突出企业和品牌，让企业和品牌也得到宣传与推广。

图11-5所示为某美容店的月末促销活动，图中“满199元减100元”的优惠力度还是比较大的，相当于半价就可以买到，这样的价格平时是没有的。

图11-5　某美容店的月末促销活动

115 文化营销：为品牌树立良好形象

总的来说，受众对某一产品受其价格的影响并不会长久。那怎样可以进一步扩大它的影响力呢？**我们可以从文化、精神等方面入手，开展不同的文化活动。因为各行各业的品牌文化不同，所以文化活动的种类也不同，**图11-6所示为某公司赞助社区举办红歌文化活动。

图11-6　某社区举办弘扬红歌文化活动

这些活动之所以能开展起来，还是从自造节日延伸出来的。而**品牌文化活动跟自造节活动还是有区别的：自造节一般都是指活动当天，也就是一天；而品牌文化活动却不是，因为品牌文化的形象不可能在一天之内完成**，所以在宣传方面也会显得更加重要。

116 资源传播：多渠道宣传推广奠定基础

跟节日活动相比，自造节日的活动宣传工作显得格外重要。要想活动能够取得成功，必须做好前期的宣传工作。这样才能让受众了解其活动的具体内容，从而让企业和品牌得到推广。同时可以利用电视、媒体平台等多种资源**为企业和品牌销售奠定基础**，如图11-7所示。

图11-7　利用微信平台进行宣传的自造节日活动

117 自造节活动：根据需求并持之以恒

清楚自造节策划思路后，便是怎么具体开展活动，如果想让自造节活动可以顺利开展，在活动方面需要注意的事项就很多了，具体分析如下。

① **合理的理由：**受众不会平白无故地支持一个活动，要想让受众站在接受、理解的角度去支持这样的活动，就必须有一个能让受众信服的理由。这个理由要先能够说服自己，才能说服受众。

② **迎合需求：**自造节活动的出发点，必须是根据市场情况及市场需求来策划的，这就要求自造节的节目不拘一格、具有创新性，让人感觉是走在时代的前端，但不能与实际情况格格不入，否则活动的失败是必然的。

③ **符合宣传营销：**自造节日活动就是为了盈利、宣传企业和品牌推广。如果活动本身不能为企业和品牌做到这些，那这样的活动也就没有了意义。

④ **长期坚持：**俗话说，一口吃不成个胖子。自造节活动也一样，如果一场活动成功之后，就不继续做下去了，那么之后的热度会慢慢消失。即使刚开始的活动效果不明显，也要继续坚持，因为只有这样，企业和品牌的宣传及营销才能慢慢产生影响力。

118 实战案例：××商场“花好月圆”中秋节活动策划书

下面就来为商场模拟一份中秋节活动策划书，即《××商场“花好月圆”中秋节活动策划书》，具体内容如下。

（1）活动背景

中秋节是中国的传统节日，时间在每年农历的八月十五。**中秋节以月的团圆来表示人的团圆，一般都有寄托思念的情结，本次活动的目的就是**为商场带来人气，提高产品曝光率，达到产品销售额上涨的目的。

（2）活动目的

活动策划者需要直接将活动主要目的呈现出来，让企业管理者在策划书的最前面就能了解活动将给企业带来的好处和作用，并快速判断出此策划书的可实行价值。图11-8所示为××商场举办“花好月圆”中秋节活动的目的。

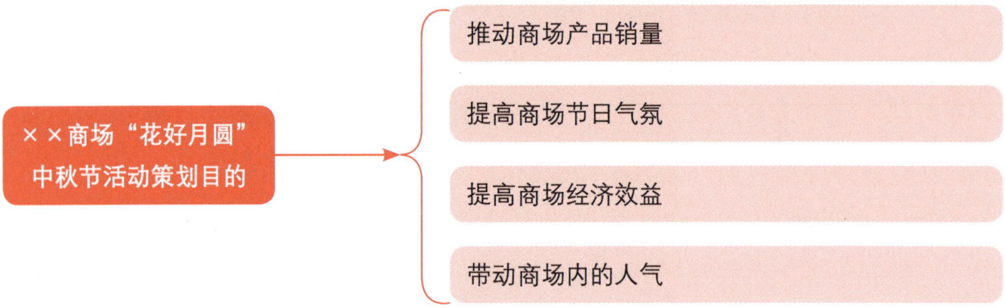

图11-8　××商场“花好月圆”中秋节活动策划目的

（3）活动内容

活动策划者需要将活动整体内容描述清楚，其中包括活动主题、活动时间、活动地点、活动对象、活动具体内容。具体介绍如下。

① **活动时间。**策划一场成功的中秋节活动，在选择活动时间方面需要把握两个设计要点，如图11-9所示。

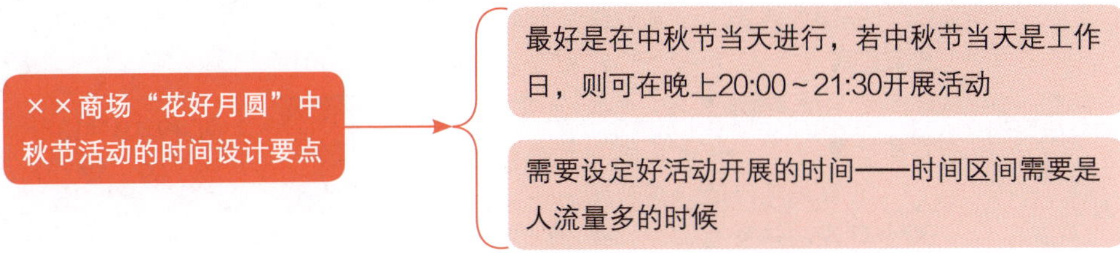

图11-9　××商场“花好月圆”中秋节活动的时间设计要点

基于上图中的两大设计要点，××商场“花好月圆”中秋节活动确定为2019年9月13日20:00～21:30。

② **活动主题。**为了紧扣中秋佳节这一节日，活动主题确定为“花好月圆，欢庆中秋”。

③ **活动地点。**××商场“花好月圆”中秋节活动地点的设计要点，一是要考虑在商场的人流聚集地；二是要考虑天气因素，最终确定在商场室内中央广场举行。

④ **活动对象。**活动对象为商场的精准用户群体，可确定为在商场中购买某产品且满100元的消费者。

⑤ **活动内容。**在参与内容方面，活动策划者需要做到**明确参与方式、明确参与规则、明确参与奖励、明确参与人群、明确参与内容和明确参与注意事项**。图11-10所示为××商场“花好月圆”中秋节的活动内容。

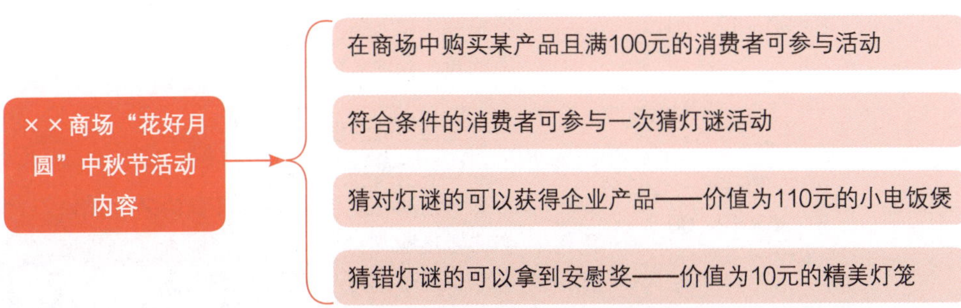

图11-10　××商场“花好月圆”中秋节活动内容

（4）场地布置

需要将活动场地布置要求叙述清楚，如表11-1所示。

表11-1 ××商场“花好月圆”中秋节活动场地布置要求

布置场地	布置要求	辅助工具	负责部门	完成日期
商场室内中央广场	① 摆放两块广告宣传牌 ② 用气球围住活动场地 ③ 在场地内挂50个灯笼，并系上灯谜纸	① 活动音响需要播放喜音乐 ② 准备两个话筒 ③ 一张大长桌放置50份礼品和50个精美灯笼 ④ 两支笔、一个本子记录获奖者的相关信息	采购部 楼面部 宣传部	2019年9月13日 15：00～18：00
商场室外中央广场	① 节日电子横幅1条 ② 广告宣传牌3块，放置在3个大门的前面	① 在商场店面中放置宣传单 ② 聘请人发送500份宣传单	宣传部	2019年9月13日 16：00～17：00

（5）工作安排

工作安排既是指引活动运营的方向，又是展现细节的地方。因此，需要将活动工作安排叙述清楚，如表11-2所示。

表11-2 ××商场“花好月圆”中秋节活动工作安排表

责任人	时间安排	主要事项
宣传部	2019年9月8～13日的8：30～12：00	① 负责广告宣传牌、宣传单、电子横幅中宣传内容的制作 ② 招聘派单人员，并监督派单进程 ③ 检查、场地装饰布置
楼面部	2019年9月9～12日的8：30～12：00	① 保证场地清洁度 ② 保证活动过程中的安全性 ③ 做好活动礼品、活动相关工具的采购工作 ④ 布置场地 ⑤ 培训活动主持人、活动工作人员

续表

责任人	时间安排	主要事项
财务部	2019年9月10日	① 根据活动情况准备相关发票 ② 做好采购预算

（6）活动预算

活动预算是整个活动的经济命脉，活动策划者需要将活动预算的各项费用叙述清楚，如表11-3所示。

表11-3　××商场“花好月圆”中秋节活动预算表

活动名称	××商场“花好月圆”中秋节活动			
活动主题	花好月圆，欢庆中秋			
用途	项目	单价	数量	总价
前期推广	广告宣传牌	100元/块	5块	500元
	宣传单	2元/份	500份	1000元
设备租借	话筒	5元/个	2个	10元
	音响	500元/台	2台	1000元
	桌子	700元/张	1张	700元
布置工具	气球	5元/打	100打	500元
	胶带	2元/个	10个	20元
	猜谜灯笼	3元/盏	50盏	150元
	猜谜纸	1元/打	5打	5元
礼品	小电饭煲	110元/台	50台	5500元
	精美灯笼	10元/盏	100盏	1000元
聘用人员	派单员	150元/名	10名	1500元
不可预计的花费				2115元
总计				14000元

（7）活动总结

在活动总结中，需要进一步突出活动对企业的好处。一般而言，活动策划者需要用总结性的话术来表达此次活动能达到的目的。具体来说，主要包括3个方面，即**增加商场的销量、提高商场人气和获得消费者信息**。

119 实战案例："圣诞之礼"活动策划书

下面就来为商场模拟一份圣诞节活动策划书，即《"圣诞之礼"活动策划书》。

"圣诞之礼"活动策划书

（1）前言

圣诞节属于西方的传统节日，在每年的12月25日，也是西方国家以及其他很多地区的公共假日。随着互联网打造的全球一体化逐渐成熟，圣诞节在国内的传播十分迅速，到二十一世纪初，圣诞节有机地结合了国内的习俗，正式成为商业营销的重要节日。**国内的圣诞节以吃苹果、戴圣诞帽、情侣互送礼物和圣诞购物等方式为主，广泛被年轻人接受和认可。**为了顺应市场走势，我们决定抓住圣诞节这个节日契机，开展一次借"圣诞之礼"之名，提高品牌美誉度、产品曝光率的活动。

（2）活动目的

这一块主要是叙述活动开展的核心目的，只要目的明确，策划活动的后续工作就比较好进行了，如图11-11所示。

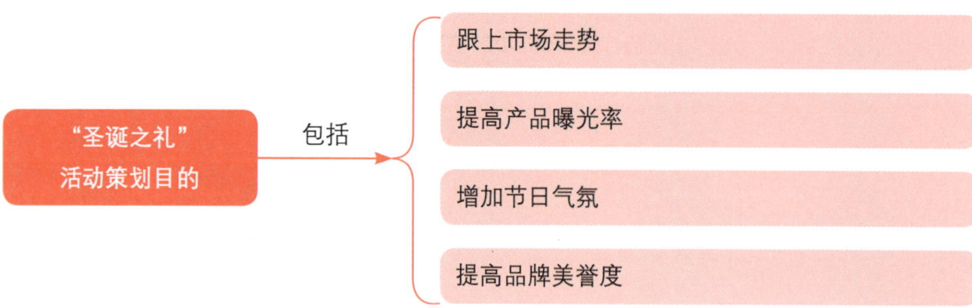

图11-11　"圣诞之礼"活动策划目的

（3）活动时间

这一块是将活动开展时间和结束时间体现出来，让企业管理者大概了解活动时长、活动开始与结束的时间。如下所示。

① 在圣诞节当天进行。

② 活动时间段需要把握好。

③ 若圣诞节当天是工作日，则可在20:00 ~ 21:40开展活动。

④ 若圣诞节当天是周末，则可在15:00 ~ 17:00进行活动。

基于上面的四大设计要点，“圣诞之礼”活动确定为活动具体时间为2019年12月25日20:00 ~ 21:40。

（4）活动主题

为了紧扣圣诞节这一节日，根据设计要点中要**富有创意、勾人心弦、紧扣策划书名称**等要求，活动主题确定为“圣诞之礼，惊喜不停”。

（5）活动地点

需要从**活动需求气氛、活动规模、活动内容、活动受众**等设计要点来选择活动地点。**一是活动气氛需要活泼，可选择人流量较多的地点；二是活动规模中等，需要比较大的场地；三是活动内容需要比较大的空地，则选择室外；四是活动受众若是随机，则可在室外进行**，最终确定在商场室外中央广场举行。

（6）活动对象

这需要根据活动目的进行选择，若活动目的在于曝光产品、提高品牌美誉度，则活动对象可随机抽取，若活动目的在于销售产品，则活动对象需要是精准消费者。

（7）活动流程

将活动整体流程表述清楚即可，如表11-4所示。

表11-4　活动流程

	活动时间	内容
活动流程	20：00～20：20	① 圣诞老人拿着“圣诞之礼”手镯进行走秀，主持人介绍产品的由来、含义、特点等方面的内容
	20：30～21：00	② 唱圣诞之歌：主持人在现场挑选5～15名观众，进行有关圣诞节的歌曲接龙 ，筛选4名接龙最厉害的参与者

续表

	活动时间	内容
活动流程	21：01~21：15	③ 礼物套圈：主持人给参与者发圈圈，每人3个圈，套摆在地上的礼物，挑选命中率最高的两名参与者
	21：16~21：30	④ 最终PK：两名参与者PK，说出觉得圣诞节收到的最有创意的礼物，台下观众投票，票多的那一个人作为第一名，颁奖
	21：30~21：40	⑤ 主持人让现场观众在21：40之前扫描二维码，关注企业公众号，即可获赠精美圣诞帽

（8）活动场地

需要将活动场地的布置叙述清楚，届时就能直接安排场地的布置工作了，如表11-5所示。

表11-5　场地布置

布置场地	布置要求	辅助工具	负责部门	完成日期
室外中央广场	① 搭建一个舞台 ② 舞台上放一个大的广告横幅	① 两个大的音响 ② 准备4个话筒 ③ 精美礼物盒、12个圈 ④ 印上企业公众号二维码的卡片10张	采购部 宣传部	2019年12月25日 17：00~19：30

（9）工作安排

将工作安排到合适的部门中去，且需要将完成时间叙述清楚，如表11-6所示。

表11-6　活动工作安排表

责任人	时间安排	主要事项
采购部	2019年12月20日~2019年12月24日 17：00之前	① 租借舞台 ② 打印广告横幅 ③ 租借2个音响 ④ 租借4个话筒 ⑤ 购买15个精美礼物盒、12个圈 ⑥ 购买复印二维码的10张卡片 ⑦ 购买精美圣诞帽100个

续表

责任人	时间安排	主要事项
宣传部	2019年12月19日～2019年12月25日12：00之前	① 负责广告横幅的制作 ② 负责工作二维码的制作 ③ 培训活动主持人、活动工作人员
人事部	2019年12月20日～12月24日	招聘演员1名
财务部	2019年12月18日	① 根据活动情况准备相关发票 ② 做好采购预算

（10）活动预算

活动预算是整个活动的经济命脉，活动策划者需要将活动预算的各项费用叙述清楚，如表11-7 所示。

表11-7　活动预算表

活动名称	"圣诞之礼"圣诞节活动策划书			
活动主题	圣诞之礼，惊喜不停			
用途	项目	单价	数量	总价
宣传	广告横幅	100元/块	1块	100元
	二维码卡片	2元/块	10块	20元
设备租借	话筒	5元/个	4个	20元
	音响	500元/台	2台	1000元
	舞台	600元/个	1个	600元
游戏工具	精美礼物盒	1元/个	15个	15元
游戏工具	圈圈	0.5元/个	12个	6元
礼品	"圣诞之夜"主题手镯	5000元/对	1对	5000元
	精美圣诞帽	1元/个	100个	100元
聘用人员	演员	300元/名	1名	300元
不可预计花费				305元
总计				7500元

（11）效益评估

此次活动以互动游戏的方式，将新产品“圣诞之礼”手镯展现在观众面前，让观众在参与活动的过程中，对“圣诞之礼”手镯有一定的了解，又以礼物的方式出现在观众的面前，在观众心中形成了“亲民”的良好形象，可使产品的知名度、品牌的美誉度获得很大的提升。

168

第12章

10种方式：锤炼庆典公关策划方案

对于单位和企业来说，为了树立和宣传自身的形象，提升知名度和美誉度，就需要举办与此相关的活动，如庆典类活动和公关类活动，就是比较常见的两种活动形式。本章围绕这两类活动，具体介绍活动策划的相关内容，从而实现单位、企业的宣传推广目标。

120 庆典与公关：宣传企业维护形象

随着时代的进步、各行各业的兴起，不少企业**为了提升知名度和对自身品牌进行宣传推广，都会选择用举办活动的方式来达到自身目的**，下面就来了解不同于促销活动的庆典公关类活动。

所谓庆典，也是庆祝，人们将各种各样的庆祝方式归纳在一起之后便统称庆典。庆典活动由来已久，**庆典活动的形式越来越丰富，各行各业也开始利用庆典活动来为企业宣传和营销助力**。

公关活动与庆典活动不一样的是，**公关活动只是为了提高企业、品牌的知名度和美誉度以及展示品牌形象，让受众认识这个品牌并对它有一定的了解**。而公关活动的类型有公益性活动、专业性活动、社会工作性活动等，活动策划者可根据活动的主题来选择相应的活动类型。

例如由多家企业合作举办的帮助老弱病残的扶贫公益活动，这样的活动不仅体现了为社会做贡献的无私精神，还为企业树立了关心公益事业的良好形象，通过活动还可以博得公众的赞美。在公众眼里，这样的活动除了是为社会服务，也是真正给那些需要帮助的人带去温暖。所以公益活动是一种很好的为品牌宣传的活动，很多企业也很愿意举办这样的活动。

121 策划要求：把控细节为活动做准备

当今社会中，庆典公关类活动获得的运用越来越广泛，可是想要完美地将庆典公关活动应用到生活中，并不是那么容易。下面就带大家学习掌握庆典公关类活动策划的一些具体要求，相信对活动策划者会有所帮助。

活动策划者在撰写这类策划书前得了解活动内容，还**必须考虑到活动中所有可能会发生的情况，通过把控细节确保活动可以十拿九稳**，这样也是为活动能取得圆满成功打下牢固的基础。

（1）庆典活动要求

一般而言，活动策划者想做好庆典活动策划方案可以从4个方面入手，让活动做到一应俱全，相关分析如下所示。

① 庆典的目的、形式和风格等。

② 庆典活动物料的准备与摆放。

③ 庆典活动现场舞台的搭建。

④ 演员的活动和人员的分工。

（2）公关活动要求

公关活动举办得好与坏对企业和品牌都有着直接影响，**举办得好可以帮助宣传品牌形象，但如果失败了，就会损害企业形象并产生不好的影响，**所以从一开始就要确保活动能取得成功，以下是帮助活动取得成功的几点意见。

① 在主题上需要符合时代精神和当前社会形势。

② 在内容上应遵守国家的法律法规，同时还得符合社会公德，以免遭受非议。

③ 策划必须要有新意，有新闻炒作的价值。

④ 活动本身应该具有可操作性，提高成功率。

⑤ 需在主题统一的情况下，具有可连续性。

⑥ 活动主题与内容应紧密结合企业产品。

⑦ 活动应该建立在能提升企业形象的前提下。

⑧ 需对促进企业产品销售有积极作用。

122 策划技巧：知晓活动内容选定中心点

前面了解了庆典公关类活动的要求，接下来是学习这类活动的一些策划技巧，活动策划者学会这些技巧之后，希望能对以后的活动策划工作起到事半功倍的效果。

① 确定活动的中心卖点，再根据卖点来进行策划。

② 让目标量化，更好地明确活动策划与实施方向。

③ 相当于直播，策划时要周全，执行时要严密。

④ 配备好各种宣传资料，提升公关活动价值。

⑤ 做好公众调查，做到扬长避短，赢得成功。

⑥ 保持危机意识，排除有可能出现的风险。

⑦ 活动评估应该是全面的，不能只着重于效果。

而对公关活动来说，大众普遍存在一个误区：认为“公关就是促销”。对于这一点，在举办公关活动之前，必须让受众正确认识公关活动。

既然要正确认识公关活动，那就得知道公关活动的具体内容是什么，相关介绍如下所示。

① 了解企业和品牌的现状发展，从而找出举办公关活动的缘由。

② 围绕企业现状开展的活动，应在目标上体现得更具体一些，达到量化。

③ 每一个活动都必须确定活动的主题，即使是公关活动。

④ 对企业产品的目标受众进行有效分析，根据目标开展相应的公关活动。

⑤ 根据公关活动的类型选择合适的活动，并进行创新。

123 注意事项：掌握策划要点重视主题

开展活动并不是了解技巧和要求就可以了，还有一些需要注意的地方，就拿公关活动的新闻发布会来说，需要注意从新闻发布会的特点来规避一些问题，具体分析如下。

① **不能喧宾夺主：**在活动主题上突出重点，适当地渲染氛围。

② **学会策划：**可以借用当下的时事热点，还可以邀请明星、名人出席活动，从新闻热点上选择主题，将新闻内容提供给媒体平台，策划内容最好可以多一些。

庆典活动跟公关活动多少还有些不同，所以要注意的事项肯定也不一样，可以从以下四个方面来进行了解。

（1）控制规模

庆典活动不像其他活动一样可以随时随地举办，因为这样的活动还得按照国家的规章制度进行申报，申报成功后才能举行，活动策划者通过网络查询《节庆活动管理办法（试行）》来了解相关信息。庆典活动除了有原则需要遵循，还得注意申报方面的问题，除此之外，还要注意以下两个方面的内容。

① **有精品意识：**庆典活动次数不能太频繁，否则会在一定程度上影响活动质量和效果。

② **规模适度：**需要与单位、企业和活动项目的实际情况相符合，不能忽视事实而硬要举行大规模庆典活动。

（2）风格从简

尽管庆典活动在申报方面有了原则上的约束，但还得在把控活动经费上对工作进行督查，《节庆活动管理办法（试行）》中的相关内容如图12-1所示。

第五章　经费管理

第二十条　举办节庆活动应当坚持厉行节约，严格控制活动规模和开支，所需经费实行谁举办谁负责，由举办单位承担，不得向下级单位、企业和个人转嫁费用。

第二十一条　各单位应当严格经费预算，加强对节庆活动的财务收支管理。不得借举办活动发放礼金、礼品、贵重纪念品和各种有价证券、支付凭证，不得重金邀请各类名人参与活动，不得利用节庆活动为单位或者个人谋取私利。

第七章　监督检查

第二十五条　各地区各部门应当严格按照中央有关规定，加强对本地区本部门节庆活动管理工作的组织领导、政策指导和监督检查。

第二十六条　纪检监察、审计机关和财政等部门应当加强对举办节庆活动的监督检查。对擅自举办节庆活动，违规邀请领导干部出席以及领导干部违规出席活动，以举办活动为由向基层、企业和群众收费、摊派、拉赞助，挥霍浪费、滥发钱物等违规违纪行为，依照有关规定严肃处理。

第二十七条　举办节庆活动，应当严格按照有关规定，做好监管、服务工作，制定应急预案，防止安全事故的发生。

图12-1　《节庆活动管理办法（试行）》中关于经费管理和监督检查的内容

所以，**庆典类活动不仅在规模上要把控得当，在风格上也有一定的要求，尽量以简洁、朴实为主，根据企业自身的条件在财力上秉持节约的原则，人员不用太多，够用就好，有些复杂的环节也可以直接省掉**，总之，以简为主、拒绝奢华，做到量力而行即可。

（3）场面隆重

尽管说庆典活动在风格上要从简，但从庆典活动的字面意思来理解“庆典”这两个字的话，可以看出这两个字是极其有分量的，“庆祝典礼”说明这是一个非常有仪式感的活动，所以，场面在某种程度上要显得更加隆重，可以从场面布置、现场氛围等方面来突显隆重感。

124 确定时间：考究合适时机避开大事件

庆典公关活动在时间上的选择也有考究，一般来说，这类活动要考虑的因素也比较多，准备的时间比较长。如果活动的时间是在节假日期间，那么，可能会因为节假日的氛围而影响活动的效果，所以**最好避开节假日**；还要考虑到活动的相关领导人是否有时间出席活动；另外，最好避开国内外重大事件的日子，当天如果有重大事件发生，受众肯定会受到影响，活动可能达不到预期的效果；最后，还要根据市场时机来选择合适的时间。

125 现场要求：选定负责人掌控全局

确定活动方案后，接下来就是活动策划者对全局的把控，因为任何一场活动倘若没有一个能把控全局的中心人物，**活动过程中出了问题该去找谁，各司其职的工作人员应该听谁的安排，最终活动场面可能会难以控制，也就无法确保活动能顺利进行下去**。由此可见，在活动现场的统筹人员对现场的把控十分重要。

活动现场的负责人很重要，因为除了对活动的策划方案和相关产品要非常熟悉之外，还要跟活动的举办方、参与方做好对接工作，另外还得和现场的工作人员交流、沟通到位，因此，在选择负责人时一定要格外慎重，可以从以下几个方面进行参考。

① 确保活动能按照策划方案的流程有条不紊地执行。

② 确保能对活动相关产品的摆放进行合理规划。

③ 确保活动工作人员的任务分配，并让其各司其职。

④ 确保活动参与受众提出的问题能得到解答或指引其快速找到答案。

126 舞台要求：结合主题内容详细安排

对于活动过程来说，舞台上的要求也很重要，比如说**道具的摆放位置、相关物品的数量**等，这些都**需要结合活动的主题和内容进行具体的安排**。关于舞台的布置以及技巧，下面通过品牌庆典活动来进行相关介绍，如下所示。

① 要求能快速吸引活动受众的眼球，提高关注度。

② 要求能充分、全面地展示企业实力和品牌形象。

③ 考虑舞台布置时，应该结合卖场环境来安排。

④ 应该把现场舞台与卖场入口相连，以便人员可以更快进入。

⑤ 舞台上产品的摆放，应该位于受众能快速够到的位置。

例如，如图12-2所示为某品牌周年庆活动的舞台布置，活动以受众观看表演为主，所以舞台下面的桌椅摆放都很有讲究。

图12-2　某品牌周年庆活动的舞台布置

127 氛围要求：人员配合带动全场气氛

一般来说，在活动过程中，**氛围的作用也很重要，很多活动都会通过渲染氛围来影响受众，从而调动受众的情绪**。活动氛围不同，受众所受影响也会不同，还要根据活动主题及背景渲染活动氛围，但庆典类活动还是以喜庆欢乐的氛围为主，这样可以更好地调动受众的积极性，切忌营造悲伤的氛围。

除此之外还有对应的环境也需要纳入考虑范围，**另外最重要的一点就是人，毕竟营造氛围就是为了给人感受的**，所以，不可忽略的就是受众及工作人员，而调控氛围的就是活动的主持人了。主持人的作用很重要，整个现场的氛围都由他直接把控，那么该如何选择一个合适的主持人呢？可以从以下几点掌握相关技巧。

① 要格外注意主持人的风格，要选择能带动现场气氛的。

② 很多企业庆典有营销性质，应选择有主持促销活动经验的。

③ 所选择的主持人要求其对企业的产品有一定的了解。

④ 要特别强调的是，互动性很重要——要有较强的互动能力。

虽然说是庆典公关类活动，但是它的主要目的还是企业和品牌的宣传推广以及产品销售，所以**从根本目的出发选择的活动主持人，还是需要从这些方面进行考察，企业通过上面的选择技巧挑选出来的主持人一定可以为企业到达目的，实现产品促销，使企业盈利。**

除了主持人之外，还要考虑相关的工作人员，在活动过程中万一有受众向工作人员咨询产品，而工作人员却回答不出来，那对活动还是多少有些影响的，自己都不了解的东西怎么向别人去推销呢？所以在工作人员的选择上**还是要求对产品有一定的了解以及掌握一定的营销技巧，在活动中工作人员通过和主持人的配合，让活动达到预期效果**。以下是相关工作人员的一些选择要求。

① 在性格方面，应该选择比较外向、活跃的。

② 在品质方面，应该选择不怕困难、挫折的。

③ 在影响方面，应该选择有感染力、亲和力的。

④ 要求工作人员在活动现场重复地、不断地向受众介绍产品，包括产品的功能和优势。

企业想要达到宣传和产品促销的目的，还得**通过工作人员与受众的交流与沟通，才能让受众更好地了解产品，积极地参与活动，从而实现现场下单的可能**。

工作人员除了与主持人相互配合之外，还要负责活动现场的一些其他工作，每个工作人员可以根据他们自身的特点安排相应的岗位，确保每个岗位都有人负责。岗位包括负责人、主持、演员、促销、后勤和会计等，首先应该做到各司其职，工作职责不能混淆，安排时每个人都有任务，不能被排除在活动之外，每一个活动任务都应该由专门的人负责，以免错漏。

为了确保活动顺利进行，还可以对每项工作进行专门指导，同时也需要让工作人员了解，只有尽心尽力地做好自己的每一项工作，才能让每个任务都顺利完成。考虑到公关活动的形式比较多样，要根据活动主题营造合适的氛围，在这里就不具体介绍了。

128 实战案例：××商场开业庆典活动策划书

开业庆典，作为一个企业主体向社会公开开始经营业务的礼仪性典礼，是企业进行宣传推广的好时机。借助庆典，可以让来宾和社会充分了解企业的经济实力和社会地位。因此，所有的企业都会对开业庆典非常重视，同时也会花费很多精力在开业庆典的策划和执行上。下面就以××商场开业庆典活动为例，进行具体介绍。

（1）活动背景

各行各业的竞争十分激烈，各种庆典优惠活动也被各大商场加以利用，要想在最短的时间内提高企业的知名度，从一开始决定策划活动时就要打响品牌，所以在开业典礼上就要出奇制胜，从各企业品牌中脱颖而出。

（2）活动目的

开业庆典标志着一个企业主体的商业性活动的开端，此时的主要任务是让受众了解企业、认识企业，并把这一范围不断扩大。因此，××商场开业庆典活动的目的有5个，具体如下。

① **树立企业及其品牌形象。**

② **让受众了解企业的发展史和经营范围。**

③ **提升企业在行业内的知名度，促进业内合作。**

④ **增强员工对企业的信心，提升凝聚力。**

⑤ **加强与各界媒体的联系，产生良好的新闻效益。**

（3）活动主题

在选择开业庆典主题时，可以直接以“××商场开业庆典”为主题。当然，如果企业想要吸引受众和媒体的注意力，也可以撰写一个有创意的主题，如“××开业盛宴 邀您共享”“××起航 成就未来”等，所以此次活动的主题为“×× 飞翔 眺望未来”。

（4）活动时间和地点

在活动时间上，开业庆典活动主要从以下4个方面加以考虑，如图12-3所示。

选择开业庆典的举办时间

- 应该考虑受众的消费心理和习惯，选择末尾为6、8、9这种大家认可的吉日（农历、阳历皆可）。如果有外宾参与受众，那么在日期选择上更要慎重，应该避开他们忌讳的日子，如3、13、23等
- 应该考虑活动现场周围环境，务必不要扰民。因此，开业庆典一般选择在9:00～10:00举行最为妥当，且活动时间不宜过长，一般为1～2小时
- 应该考虑天气情况，因此在活动策划时应该关注天气预报，选择天气晴朗的日子，避开雨雪天气
- 应该考虑受众能否参与的情况，把开业庆典时间选择在领导、嘉宾以及大多受众能参加的时间

图12-3　选择开业庆典的举办时间

开业庆典一般选择在现场举行，**考虑到人流量大，所以都会选择室外比较大、平坦的场地，当然如果室内的面积足够大也可供选择。**

（5）活动准备工作

虽然开业典礼的时间只有1～2个小时，但是**前期的准备时间却很长，不是两三天就可以完成的，大一点的活动可能需要几个月的时间来准备，小一点的活动也需要数天，这是因为在前期准备的这段时间，有很多工作需要完成。**

① 前期的宣传。庆典活动的举办，就是向其他企业昭示已经开始营业，想让更多的受众知晓这个消息，那就得宣传到位。在宣传方面可以将内容撰写成文章，投放到网站上或者做成广告，还可以跟媒体合作，让他们进行宣传报道。

② 邀请嘉宾。**活动策划人员应该根据企业情况和开业庆典规模确定嘉宾人数，特别是要考虑场地的最大容量，若超出规模，很可能被勒令停办**。然后从周围亲友和社会关系中选择合适的嘉宾，包括首选嘉宾和备选嘉宾。一般来说，嘉宾名单由开业庆典举办方决定。

除此之外还得全方面了解嘉宾的情况，如年龄、性别、地址、饮食忌讳等，还应该了解其是否需要安排住宿、是单独前往还是携带家属等，这样才能更好地满足受众需求，举办一场符合他们期待的活动。最后，给嘉宾寄请柬，注意在请

束上要把相关事项写清楚，如活动名称、描述、日期、具体时间、活动会场、行车路线等。

③ 布置场地。庆典活动和其他活动不一样的是，嘉宾和举办方一般都是站着的，所以活动现场一般不会摆放座椅，但是都会在地上铺上红地毯突显隆重感。当然还有一些其他工作，如**准备签到簿、摆放宣传材料和饮料等；准备和调试好音响、照明和其他设备；安排专门区域摆放来宾赠送的花篮和牌匾；悬挂横幅、标语、彩带、气球和宫灯等。**

④ 人员安排。在活动准备过程中，应该成立专门的筹备小组负责企业庆典活动，然后确定活动策划公司，利用倒计时工作表，与活动策划人员确定好企业开业庆典活动的相关事项。

（6）活动预算

活动预算指的是活动策划者对举办活动所需花费的一个估算，但不包括策划费用，其活动预算主要包括以下6项内容。

① 会场布置：花篮、气球、彩带、红色绣球、横幅等800元。

② 嘉宾礼品：共40份，每份50元，共2000元。

③ 广告宣传：媒体宣传、宣传物料、广告位等共25000元。

④ 演艺人员：歌舞表演和小提琴演奏2000元。

⑤ 礼仪人员：迎宾小姐4名共800元。

⑥ 自助餐和饮料：（根据实际情况）暂定5000元。

（7）活动内容

在开业庆典活动策划书中，应该将活动的各环节撰写清楚，特别是时间、人物等要非常明确。××商场开业庆典活动主要内容如下所示。

① 9:00～9:30，礼仪人员接待来宾，进行签到并引导摆放花篮和牌匾。

② 9:30～9:35，进行舞狮表演，增加现场喜庆气氛，鼓舞士气。

③ 9:35～9:40，开业庆典活动正式开始，由活动主持人致开场词。

④ 9:40～9:45，礼仪人员引导××企业总经理上台并致辞。

⑤ 9:55～10:10，剪彩仪式开始，礼仪人员拉开红色绣球，引导领导和剪彩嘉宾上台，彩炮响起并剪彩，把活动推向高潮。

⑥ 10:10～10:40，进入茶歇和演出阶段，在大厅提供西式自助餐，并有歌舞

和小提琴演奏。

（8）效果评估

××商场举办的开业庆典活动，总的来说，在一定程度上达到了其宣传目标——向外界传递了正式开业的信息，同时也是关于企业的经营理念和未来发展的一次比较全面的展示，能帮助受众和合作伙伴进一步了解、认识企业。当然，活动过程中也存在一些细节问题，这让活动筹备小组和策划团队能进一步认识到自身的问题，并积极加以改善，对以后的活动策划有一定的借鉴意义。

129 实战案例：××新品新闻发布会策划书

下面以某某公司为例，模拟一份新闻发布会策划书，即《××新品新闻发布会策划书》，具体内容如下。

（1）活动地点

一般来说，活动地点最好**选择在室内，可以规避突发天气状况，且环境较为安静，**但还是存在一些缺点，若地点比较小，就不利于摄影记者拍照。由此，室内活动地点的大小规模一定要挑选好，如××举办新品新闻发布会活动的地点就选择在一家五星级酒店内。

（2）活动时间

新闻发布会在时间选择方面决不能随意进行，需要尽量避免以下事项的发生。

① **避免与重大政治事件在同一时间举行。**

② **避免与竞争对手在同一时间举行。**

③ **避免选在一天中的上午较早的时间或者晚上举行。**

④ **避免会议举办时间超过1小时。**

例如，××新品新闻发布会就选择在2020年3月2日下午15:00～16:00，其设计要点在于：一般来说，新闻媒体人员都会在获取信息的第二天再进行新闻报道。由此，每个星期的星期一、星期二、星期三的下午是比较适合举行新闻发布会的。

（3）活动主题

一般来说，对于企业而言，新闻发布会实质上是一个新品发布会。若品牌比较受欢迎，就算直接以××产品新品发布会为主题，也会有媒体关注。但对于知名度不高的品牌，若也以产品新品发布为主题，则很难吸引媒体的注意力。因此，活动策划者在主题方面最好多下功夫，撰写出一个与新产品有关联且足够吸引人的主题，如××新品新闻发布会的活动主题是“永恒之爱，温暖我心”。

（4）活动目的

活动策划者一定要把举办新闻发布会的核心目的表述清楚，如××新品新闻发布会的活动目的包括3个，即让新产品正式面世、通过新闻媒体使人们更了解新产品和吸引经销商的加盟。

（5）活动背景

新闻发布会的背景分析一般与产品、品牌、企业有关，稍微介绍一下即可，活动策划者可从历史、存在的意义等方面入手。钻石一般都会用来代表爱情，同样也是高贵的象征，所以此次活动发布以钻石意义为理念设计的新款“永恒之爱”钻戒，就是希望广大受众可以通过它感受到爱情的美好。

（6）宣传方式

新闻发布会的宣传手段种类繁多，活动策划者需要根据产品的特性来选择合适的宣传方式，当然宣传方式需要多种类同时进行。还是以××新品新闻发布会为例，其宣传方式如下所示。

① 在互联网上投放软文广告。

② 联系报社记者，进行不同方面的报道。

③ 在某电视频道上投放广告。

④ 发送宣传单、宣传手册等。

⑤ 在各门店放置新产品新闻发布会的海报。

⑥ 在贴吧中发布新闻发布会的信息。

（7）活动受众

新闻发布会的受众来自多方面，既有企业内部人员也有外来人员，既有宣传团队也有产品的目标消费者。例如，××新品新闻发布会的活动对象就包括4

类，即特邀嘉宾、相关媒体、企业内部相关人员和有入场券的企业粉丝。

（8）活动准备

一般来说，新闻发布会的准备工作分为3个部分，即**现场布置细节、物料准备细节和工作人员的配备**，活动策划者围绕这3个部分进行撰写即可。下面就来了解新品新闻发布会的准备工作，如表12-1所示。

表12-1　新品新闻发布会的准备工作

布置场地	布置要求	物料准备细节	负责部门	完成日期
五星级酒店内	① 酒店大门外放置一个拱门 ② 在酒店里每隔10米设置一个指示牌 ③ 活动视野最好的位置放置一个投影、桌子 ④ 桌子上放一个话筒、笔记本 ⑤ 各座位贴带有公司LOGO的编号	① 活动中需要使用的：邀请函、签名笔、本子、宣传页、发言稿、摄像机、照相机、话筒、音响、笔记本、LOGO编号、投影仪 ② 活动外需要使用的：拱门、指示牌	采购部 楼面部 宣传部	2020年6月28日 15：00～18：00

工作人员的配备方面应做到**礼仪做好接待工作、保安维护现场秩序、布置现场人员提前做好本分工作、主持人把关活动流程活跃气氛、服务人员热情做好相关服务事宜等。**

（9）活动流程

新品新闻发布会的活动流程，一定要将活动中各部分的环节精确到具体的时间段。如表12-2所示为××新品新闻发布会的活动流程。

表12-2　××新品新闻发布会的活动流程

活动流程	活动时间	内容
活动流程	2020年6月2日 14：00～14：30	① 礼仪人员接待来宾，进行签到且引导就座
活动流程	2020年6月2日 14：35～14：55	② 服务人员向每位来宾礼貌发放各种资料

续表

活动流程	活动时间	内容
	2020年6月2日 15：00～15：35	③ 主持人宣布新闻发布会开始，并一一介绍来宾，感谢他们的到来，总裁介绍新产品的特性
	2020年6月2日 15：40～15：50	④ 记者问答环节
	2020年6月2日 15：50～16：00	⑤ 发放与新产品相关的纪念品以及活动结束

（10）活动预算

在撰写活动策划方案时，新闻发布会的活动预算需要涉及所有需要花费的地方，尽量做到准确。

（11）活动评估

这一部分内容，其实就是告诉企业管理者此次××新品新闻发布会活动可以从哪些方面得到好处。具体而言，应该包括以下3个方面。

① 了解媒体发布情况，收集各种资料。

② 从会上来宾的发言、提问、讨论等方面来评测新品新闻发布会的效果。

③ 会后需要收集来宾对于新品新闻发布会的反馈信息，从而总结经验。

第13章

10类技巧：玩转宴会活动策划方案

对于许多知名品牌和企业来说，除了会通过节假日来搞活动之外，还会选择用举办宴会、晚会的形式来举办活动。本章就通过选择常见场地、选择要素和设置灯光等10类技巧来全面分析宴会晚会活动的要点。

130 宴会晚会类活动：扩展人际关系的社交形式

在现实生活中，很多企业也会通过宴会、晚会的形式，宣传品牌和扩充人脉。日常生活中较常见的宴会有答谢宴、寿宴、婚宴等。

本节将介绍常见的宴会晚会类活动，活动策划者可以收集有用信息以便策划这类活动。

131 常见地点：结合实际情况进行有效选择

宴会晚会类活动的特点是参与者都比较明确，一般而言，**都是有指向性地邀请参与人，所以对人员的数量和身份都是知晓的，在活动之前还会对参与者发出明确邀请通知。**因此在地点的选择上是可控的，它不像很多活动并不清楚参与人员及人数，地点也不是很好选择，所以考虑到的情况要多一些，比如场地大而人少，或者人多场地小，无论是哪一种情况都不利于开展活动。比较来说，宴会晚会类活动比较有优势。那么，一般会将地点选在哪里呢？具体分析如下。

① **酒店**：为了表现对参会人的重视，一般都会将酒店作为第一选择，而且考虑的都是星级酒店，这样还能彰显自身的实力。

② **礼堂内部**：各企业或单位的规模不一样，像大型企业本身就有可以举办活动的礼堂，所以会选择这样的地方作为活动地点的，学校和事业单位这种情况也比较多。他们通常会用礼堂来举办文艺晚会之类的活动，所以这也不失为一个好的选择。

③ **大型体育馆**：如果是想要宴会、晚会显得比较正式，可以选择容量比较大、有观看平台的体育馆，很多明星的演唱会都会选择在体育馆内举行，这样还可以使参与者的代入感更强，更好地感受宴会、晚会的气氛。

④ **休闲度假区**：不少有名的企业在经济条件允许的情况下，可能会选择度假区来举办宴会晚会类活动。因为度假区本身就是给人们提供休闲、娱乐的地方，这样的地方可以让人放松心情，大家也能带着愉快的心情去参与活动。

⑤ **各类俱乐部**：当然，除了大型的宴会、晚会外，小型的可以选择在俱乐部举行，俱乐部可以很好地营造宴会、晚会氛围，而且还有特定场地、舞台，这

些都是比较适合作为一个选择的地点的。

132 选择要素：考虑安全性和隐私性提高档次

活动的成功离不开一个好的地点选择，宴会晚会类活动一般都是规模比较大的活动，因此在地点选择上需要更加注意。大规模的活动，场面肯定也很大，为了确保活动可以顺利开展，就必须掌握以下选择地点的技巧。

① **安全性**：考虑到宴会晚会类活动现场聚集的人很多，活动的安全性很重要，应提前考察到位，避免伤亡事故发生。室内活动可以多注意消防安全和安全通道的畅通，室外的话要注意考察舞台的稳定性，避免现场因受众拥挤发生坍塌或踩踏事件。

② **档次感**：众所周知，活动场地有着档次高低之分，有些企业和单位为了彰显自身实力，会选择档次高一点的地方作为活动地点，如有些场地本身就给人一种现代感和时尚感，还有一些场地的设备比较先进、很齐全。

③ **隐私性**：宴会晚会类活动因为知晓参与者的身份，所以在活动时不允许其他无关人员进来打扰，而在活动地点的选择上就需要考虑到这一点，要保证场地的隐私性，这样才有利于活动过程中的交流不被打断。

133 拒绝平庸：从立意上创新并突出亮点

年会，从字面上来理解，就是一年一次的集会。同样它也是宴会、晚会中的一种，其作用就是内部沟通、促进策略分享、答谢客户，对过去的一年进行总结，并为制定来年的工作目标奏响序曲。对不同的企业和单位来说，每场年会体现出的效果也不一样，要让年会呈现出更好的效果，从一开始就要选择有新意、别出心裁的策划方案，拒绝那些平庸的年会方案。那么，什么样的年会方案是平庸的呢？

① **毫无亮点：**一个毫无亮点的年会方案，注定是失败的。活动策划方案只有有新意、让人觉得眼前一亮，才足够吸引人，如果没有办法达到这一点，那么这样的活动也没有什么意义，根本达不到活动的预期效果。

② **立意低俗：**每场活动的主题都必须以它的立意为出发点，如果活动策划

者设计出来的活动方案没有创意，只是在原有的基础上换个框架，那么也只是一个没有灵魂的躯壳罢了，打动不了受众，这样的活动没有什么实质上的意义。

③ **无法执行：**当然，活动还需要结合实际，如果活动只是想创意上有新意，达到让人惊艳的效果，而实行起来却有一定的难度，甚至有些落实起来都有问题，那么这样的活动无疑是个花架子，只是徒有其表，最后也只能归咎于平庸。

例如，图13-1所示为某公司的年会活动，其中电光舞创意十足，效果极佳。

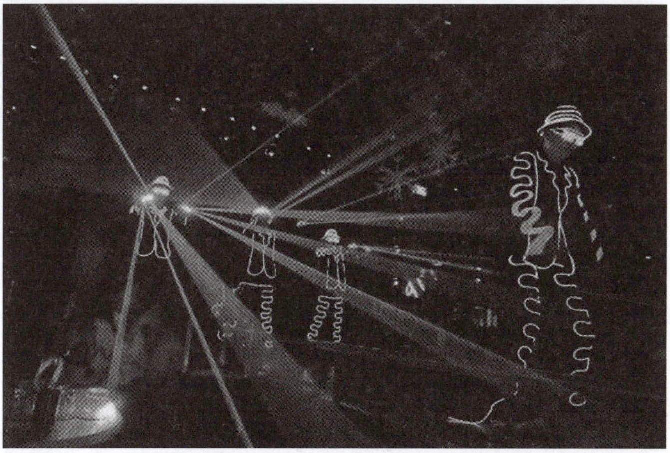

图13-1　年会活动中的电光舞

综上所述，一个成功的年会策划方案刚好与上面的情况是相反的，活动策划者可要注意了，拒绝平庸，就得有新意，立意上要深远、有意义，要有亮点还得可执行。

134 策划标准：为活动结果作出评判

每场活动的开展都有它自己的目的，通常，我们把达到目的的活动称为成功的策划方案；没有达到目的的策划方案就是失败的。所以，活动策划的成功与否，也有评判标准，可以参考下面3点。

① **活动的针对性；**

② **活动的连续性；**

③ **活动的操作性。**

135 成功要点：精准目标受众获取关注

需要知道活动的影响力是不是很大，还有整场活动的花费，这些都可以成为衡量此次活动是否成功的依据，下面就以这些进行详细的介绍。

① **产品服务的关系：**任何企业的活动都离不开为产品或服务提供宣传推广和营销的途径，所以，在活动中必须以产品或服务卖点为主，不然，活动再成功都是徒劳。

② **目标消费者的关系：**总的来说，活动的目的就是为了吸引消费者的关注和购买，只是通过活动的形式更深入地达到这一目的，既然是要达到目的，就要在选择目标受众上更加精准。

③ **其他活动策划者的关系：**活动策划切忌抄袭他人用过的方案，众所周知，同行之间的竞争避免不了，同样也都希望能通过活动吸引受众，如果策划的活动在此之前已经有别的企业用过了，那这场活动对受众的吸引力就会大大减小，甚至还会影响企业的传播力。

136 分析原因：用互动环节打造成功

晚会活动是当今社会一种较流行的活动，对于很多受众来说，白天要上班，晚上的时间比较充裕，选择参加晚会也是放松的一种方式。所以很多企业和品牌热衷于举办此类活动，受众也乐于参加。

那么，对于活动策划者而言，在策划此类活动时需要注意什么呢？可以从以下3个方面进行相关分析。

① **谨记以庆祝为中心：**晚会活动和促销、公益活动不同的是，晚会活动主要以庆祝为主，所以在活动氛围上有一定要求，尽量营造热闹、愉快的氛围，让受众觉得欢快又隆重。

② **争取用创意取胜：**想要活动在受众心里留下深刻印象，那在策划上注意要有创意、别具匠心，可以通过有新意的节目来吸引受众关注，留住受众。

③ **用互动实现推动：**在晚会活动中，活动举办方与受众、受众与受众之间都要展开互动，这样才能让活动现场气氛活跃起来。特别是活动策划者，应该安排相应的互动环节来增加互动，从而推动受众情绪的发展，打造更成功的活动。

137 设置灯光：帮助场景营造视觉盛宴

晚会活动的时间比较特殊，因为是在晚上，所以活动的灯光是重中之重，灯光设置可以帮助塑造特定场景的人物和景物。特点是舞台，舞台上的灯光设置也是活动的点睛之笔，可以更好地营造氛围，如图13-2所示。

所以，在设置灯光方面，活动策划者需要注意一些事项，如下所示。

① **写作方面：**应该与相关方面进行沟通，如舞台美术、多媒体设计等。其实，灯光设置作为舞台设计的一个组成部分，彼此之间应该经常沟通，共同为呈现出最好的晚会可视效果而努力。

② **节目内容方面：**不同的节目类型需要不同的灯光，因此，在活动策划时设置灯光，必须基于全面了解节目内容的情况，否则无法让灯光设置与节目主题相符，也无法准确把握时间设置节点。

③ **策划流程方面：**晚会灯光设置不是一蹴而就的，需要根据晚会活动方案的更新而更新，同时还要根据晚会活动的风格和形式来确定灯光设置，从而制定一套切实可行的灯光设置方案，才能让晚会活动更精彩。

图13-2 晚会活动中的舞台灯光

138 实战案例：××美容协会年会活动策划书

下面来为某协会模拟一份年会活动策划书，即《××美容协会年会活动策划书》，具体内容如下。

（1）活动背景

××美容协会是由多位美容行业职业经理人组成的协会，有利于行业之间的沟通和交流。为了把这种沟通和交流做到更好，××协会还安排了每半年一次的年会活动，以便各方之间进行品牌推广和寻求合作伙伴。

（2）活动目的

活动策划者应该首先在策划书中将活动的主要目的展示出来，这样才能便于在后期的活动策划和执行阶段基于这一目的来开展工作，也能让举办方和相关参与人员了解活动的价值和作用，为活动策划方案付诸执行打下基础。××美容协会年会活动的目的是提升美容协会品牌形象和知名度，让受众知道、了解企业的合作模式。

（3）活动主题

××美容协会年会活动主题为**“光辉岁月，明媚青春”**。

（4）活动时间和地点

活动时间为2020年6月30日10:00～12:00。活动地点为××广场××大厦5楼0500室、0501室、0502室。具体活动地点待现场确认。

（5）活动对象

活动需要找××美容协会的精准的合作伙伴。

（6）活动流程

年会活动的流程一般比较简单，活动策划者只要把握好时间节奏进行撰写即可，具体如下所示。

① 9:30～10:00，参与人员进场签到，发放活动相关资料和礼品。

② 10:00～10:05，主持人宣布活动开始，致开场词。

③ 10:05～10:20，秘书长汇报上半年市场情况和下半年主要工作。

④ 10:20～10:35，嘉宾××网总裁介绍网站情况。

⑤ 10:35～10:50，会长做未来数年的发展规划讲话。

⑥ 10:50～11:30，××协会的业务人员与职业经理人互动。

⑦ 11:30～12:00，舞蹈表演，观看完毕后前往就餐。

（7）工作安排

××美容院协会年会活动的工作安排，需要做到详细、清楚，让活动执行人员能看懂、能落地执行，如表13-1所示。

表13-1　××美容院协会年会活动工作安排表

责任人	时间安排	主要事项
宣传部	2020年6月23～29日	① 负责协会活动宣传内容的制作 ② 检查场地装饰布置
财务部	2020年6月23日	① 根据活动情况准备相关发票 ② 做好采购预算
其他部门	2020年6月23～27日	① 保证场地清洁度、布置场地 ② 保证活动过程中的安全性 ③ 做好活动礼品、活动相关工具的采购工作 ④ 确定活动人员和嘉宾，发布邀请函 ⑤ 培训活动主持人、舞蹈演艺者

（8）活动预算

计算××美容协会年会活动的所有花费，如表13-2所示。

表13-2　××美容协会年会活动预算表

活动名称	××美容协会年会活动			
活动主题	光辉岁月，明媚青春			
用途	项目	单价	数量	总价
前期推广	易拉宝	100元/个	2个	200元
	宣传资料	2元/份	120份	240元
道具租借	话筒	5元/个	2个	10元
	音响	500元/台	2台	1000元
	桌子	700元/张	1张	700元
	舞台	1200元/张	1张	1200元
布置工具	气球	5元/打	100打	500元
	胶带	2元/个	10个	20元

续表

用途	项目	单价	数量	总价
礼品	护肤品	228元/份	120份	27360元
聘用人员	主持人	200元/名	1名	200元
	舞蹈演艺者	150元/名	4名	600元
餐饮	午餐	1200元/桌	11桌	13200元
不可预计的花费				4770元
总计				50000元

（9）活动评估

此次活动采用行业年会的形式，看似是沟通交流，其实随着活动的开展，可以树立品牌形象。在活动过程中还能扩充人脉和宣传企业推广，对其发展都是有积极意义的。

139 实战案例：××公司答谢会活动策划书

下面模拟一份公司答谢会活动策划书，即《××公司答谢会活动策划书》，具体内容如下。

（1）活动背景

年底一般都是各行业繁忙之际，为了感谢广大顾客的支持，也考虑到大家的工作繁忙，特举办此次答谢宴**聊表感谢之情，也希望来年有个好的开始**。

（2）活动目的

为了回馈老客户，加强客户的忠诚度，推广新产品，同时也是为了增进感情。

（3）活动主题

××公司答谢会主题为"感恩有你，照我前行"。

（4）活动地点

既然是答谢老客户，那场地的选择很重要，一般可以选择规模大一点的酒店

或者内部礼堂，所以此次活动地点为××酒店×楼××室。

（5）活动时间

考虑到顾客白天要上班的原因，所以时间选择在晚上好一点，活动时间为2020年1月9日晚上20:00～21:40。

（6）活动对象

活动对象为××公司的新老顾客。

（7）活动流程

① 19:30～19:50，来宾签到，礼仪人员进行现场签到工作。

② 19:50～20:00，播放主场背景音乐，营造氛围。

③ 20:00～20:05，主持人上台致辞，介绍到场领导与嘉宾。

④ 20:06～20:20，领导在主持人的邀请下致辞，介绍企业2019年的成就以及来年的规划。

⑤ 20:20～20:25，领导致开幕词，请讲师上台。

⑥ 20:25～20:50，讲师主讲感恩内训。

⑦ 20:50～21:10，新产品介绍。

⑧ 21:10～21:20，嘉宾分享。

⑨ 21:20～21:30，共同唱响。

⑩ 21:30～21:40，嘉宾狂欢。

（8）工作安排

××公司答谢会活动的工作安排，如表13-3所示。

表13-3　××公司答谢会协活动工作安排表

责任人	时间安排	主要事项
宣传部	2020年1月4～8日	① 负责协会活动宣传内容的制作 ② 检查场地装饰布置
财务部	2020年1月4日	根据活动情况准备相关发票和采购预算

续表

责任人	时间安排	主要事项
其他部门	2020年1月5~8日	① 保证场地清洁度、布置场地 ② 保证活动过程中的安全性 ③ 做好活动礼品、活动相关工具的采购工作 ④ 确定活动人员和嘉宾，发布邀请函 ⑤ 活动主持人、讲师

（9）活动预算

计算××美容协会年会活动的所有花费，如表13-4 所示。

表13-4　××公司答谢会活动预算表

活动名称	××公司答谢会年会活动			
活动主题	感恩有你，照我前行			
用途	项目	单价	数量	总价
前期宣传	宣传资料	2元/份	120份	240元
道具租借	话筒	5元/个	2个	10元
	音响	500元/台	2台	1000元
	桌子	700元/张	1张	700元
	舞台	1200元/张	1张	1200元
聘用人员	主持人	200元/名	1名	200元
	讲师	1000元/名	1名	1000元
餐饮	食品	1200元/桌	11桌	13200元
不可预计的花费				4450元
总计				22000元

（10）活动评估

此次活动采用答谢宴的形式，看似是答谢新老客户，但活动的真正目的是树立品牌形象和加深与客户之间的关系，通过这样的方式加深与客户之间的关系，也是为以后新产品的销售铺好道路。

第14章

10条途径：制定行业活动策划方案

行业的发展促进了经济的发展，随着涌现的行业越来越多，行业竞争也越来越激烈，因此，想在行业中占有一席之地，行业活动也成为了关键。本章将从行业分类、现状分析、市场需求和营销策略等10条途径来进行具体介绍，讲解行业活动策划方案的要点。

140 各行各业：满足需求促进经济发展

行业指从事国民经济中同性质的生产、服务或其他经济社会的经营单位或者个体的组织结构体系。这个词我们并不陌生，因为在生活中我们也经常与行业挂钩，像餐饮行业、教育行业、美容行业等，各行各业的兴起，也满足了社会大众的需求，在生活中越来越重要，如图14-1所示为人民群众对各行业的需求比例图。

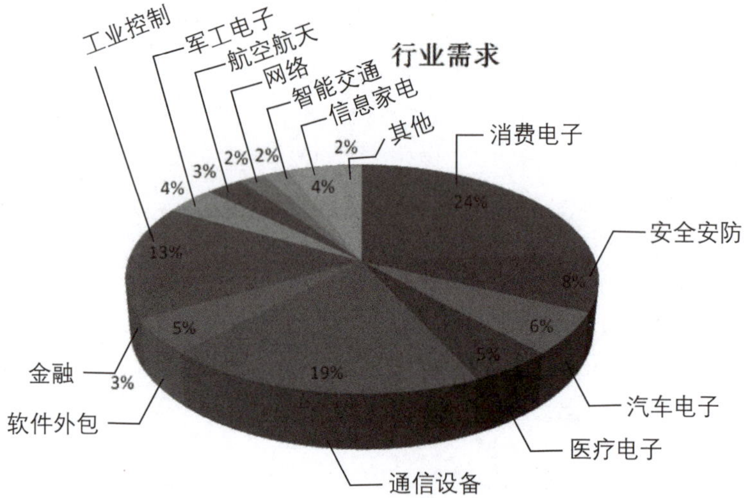

图14-1 行业需求比例图

行业的不同代表着工作性质的不同。在21世纪，工作已经成为人们生活中重要的一部分。

141 行业分类：依据影响因素分析趋势

行业的分类是为了解释其自身在国民经济的地位和所处的发展阶段，也可以分析影响行业发展的各种因素，以及对未来的发展趋势。下面就以几种常见的行业类型作详细分析介绍。

（1）餐饮行业

俗话说，民以食为天。也就是说人的生活肯定离不开与吃相关的东西，所以餐饮行业也是所有行业中最贴近生活的。既然是吃，在哪里不是吃，因此，餐饮行业想要在众多行业中脱颖而出，还得结合服务，让消费者在吃的过程中不仅能享受舒适的服务，还能享受到美食。只有这样，消费者感到满意了才会愿意经常光顾，餐馆才能盈利。在餐饮行业中，海底捞的服务算得上是行业中的典范，其工作人员的服务态度让人觉得特别舒适、亲和力很强。

（2）美容行业

没有人不追求美，随着人们对美的追求越来越高，也进一步促进了美容行业的快速发展。在以前，美容行业的发展还算比较缓慢，因为美容对于普通人来说还是有一定的经济压力，价格方面并不便宜。随着生活水平的提高，越来越多的人愿意去为美花钱、尝试美容，但这样的现状还不普遍，所以为了促进发展，美容行业开始采用活动的形式来吸引消费者，在价格方面做适当调整，慢慢就有人愿意尝试，到后来人们也逐渐接受了，如图14-2所示为某美容院借妇女节做促销活动来吸引受众。

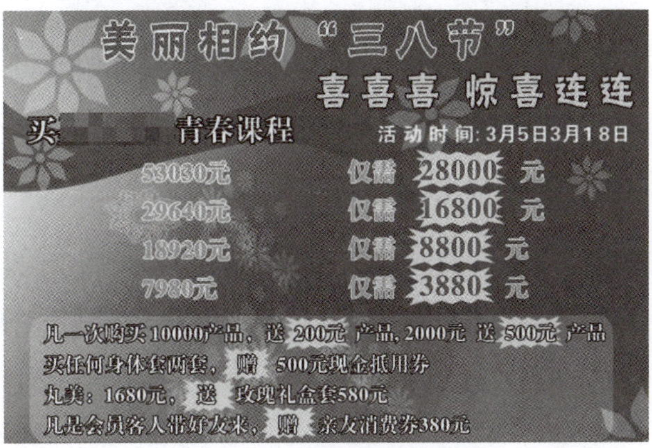

图14-2　某美容院的促销活动

（3）建材家居行业

建材家居行业虽然是一个独立的行业，但它跟房地产行业关系紧密，因为建材家居做的是家庭装修这一块，如果房地产行业发展缓慢，那么建材家居行业也会受到影响。所以厂家和经销商想提高销售的营业额，很多时候也可以选择通过活动的形式来达到预期效果。

（4）游戏行业

游戏，作为一种娱乐方式，是人们在工作劳累后选择放松的一种方式。随着玩游戏的人越来越多，游戏行业慢慢兴起。游戏的种类开始变多，人们也就有了更多的选择，因此，在维护游戏玩家这方面，对游戏企业来说算是一大难题了，考虑到游戏行业的特殊性，它不能通过促销活动来维护玩家。因为游戏是玩家自主的一种体验，很多玩家也会根据自我心情来判定对游戏的喜爱程度，所以游戏公司想要留住玩家，就必须以满足游戏玩家的需求为目的来进行活动策划。

例如，图14-3所示为某游戏行业以多角色为亮点推出的新款游戏，喜欢多种角色混战的玩家就会选择此类游戏。

图14-3　玩家根据个人需求选择游戏

（5）旅游行业

旅游行业，有两种定义，狭义来说，是指专门从事旅游商品买卖、旅行社、旅游饭店等行业；从广义上来说，旅游行业还指与旅游相关的其他行业。随着人们消费水平的提高，旅游行业也得到了迅速发展，旅游活动作为当今一种高级的消费形式，有效地将文化生活消费和物质生活消费结合在一起，人们通过旅游的方式来放松身心，感受旅行带来的乐趣。

（6）通信行业

通信行业算是出现较早的一个行业，古语中的“鸿雁传书”“飞鸽传信”等，就能说明在古代已经开始用大雁和鸽子传递信息，维系两方之间的联系。而如今，传递信息的工具越来越多，比较常见的有手机，而信息的形式也不再是单一的书信形式，信息可以通过电话直接传递，也能通过网络发送等。由此可见，通信行业因为网络而发展得十分迅速，也给人们之间的相互联系带来了方便。

142 策划目的：采取有效措施宣传活动

各行各业的发展在一开始并非那么容易，很多时候为了宣传和盈利还需要采取措施，活动策划者更是要根据各行业的情况来进行策划，以帮助企业达到盈利的目的，下面还是以常见的行业为例做介绍。

（1）口碑效应

对于餐饮行业来说，口碑很重要。例如，现在很多人不想做饭，或不会做饭，他们一般有两种方式可以选择，点外卖或者出去吃。点外卖是在手机上点餐，根本看不到餐馆的实际情况，所以一般都会选择以别人的评价来作为参考，**好的评价会提高餐馆的口碑，从而促使消费者下单。**相反，不利的评价会直接影响消费者的选择，会觉得这家餐馆口碑不好，从而选择别家。

（2）王道目标

虽然美容行业的发展比较迅速，不少人开始接触美容行业，但还是会有小部分人对美容有质疑，他们会怀疑其风险性，在现实生活中也存在一些纠纷问题。这对活动的举办多少有些影响，一场活动要想成功就得尽可能减少不利因素的干扰，所以美容行业的活动策划在目标的选择上很重要。

如果活动的目标是提高业绩，则可以选择促销活动；如果是为了宣传品牌形象，则可以选择公益活动。需要注意的是，一定要根据目标来确定活动类型，若是目标选择不当，可能还会损害美容品牌的形象和口碑。因此，可以根据以下两个方面来选择目标。

① **目标现实，尽力而为：**按照自身需求确定活动目标，目标必须是可操作的、能执行的，再根据目标的实效性做到尽力而为。

② **制订计划，有效实施：**只有将目标贯彻到整个活动计划中去，并且将具体的实施步骤详细地陈列出来，才能有效实施。

143 主题内容：以评判标准浓缩精华

活动主题是每场活动不可缺的要素之一。好的主题可以吸引受众的目光，自然也会得到关注。那么，怎样评判一个主题的好坏呢？通常活动主题也是为活动目的找了一个较体面的理由，而且需要用这个理由去说服受众。下面以建材家居行业为例，从两个角度来分析给出的理由。

（1）活动理由

① **各种节日：**选择节日来进行活动，是每个行业的首选，建材家居行业自然也不例外。像固定的节日：国庆节、中秋节、元宵节等，可以选择这些常见的节日来开展活动。除此之外，像周年庆、自造节日也可以作为选择的理由之一。

② **热点时事：**主题的选择理由可以借助一些生活中发生的热点时事，比较常见的有每年的高考季、毕业季等，与国家有关的奥运会、世界杯等。如图14-4所示为某家居公司，利用奥运会的热点举办的促销活动。

图14-4　利用热点时事举办的促销活动

（2）浓缩内容

为活动找到合适的理由后，可以根据理由选择一个好的主题了，主题的内容不用太冗长，俗话说，浓缩是精华。主题是活动的核心，应该简洁明了，怎样选择一个好的核心主题呢？下面将从4个方面来做简要说明。

① **去除大众化：**很多活动在主题选择上没有要求，导致越来越多的活动主题都是大同小异，让人觉得这样的活动见得多了，也就没有了吸引力，会丧失参加活动的兴趣，因此大众化的主题不可取。

② **与内容相符：**现在也有很多活动的主题很有吸引力，但当受众因为主题吸引去参加活动时，却发现主题与活动内容不符，结果肯定是大失所望，所以活动内容和主题相对应很重要，让受众感受到活动的真实性。

③ **创意嵌入品牌：**有新意的主题可以让人耳目一新，但是要注意的是，一

定要通俗易懂，适当地将品牌嵌入活动主题中，同时也可以提高受众对品牌的认知度。

144 分析现状：根据优缺点提升实力

因为行业种类太多，活动策划者在策划活动时，可能会有无从下手的感觉，这时千万不要急躁地着手，不然策划出来的活动可能达不到效果，在策划之前可以先分析一下行业现状。下面就来了解怎样对行业现状进行有效分析。

① **环境因素**：行业活动需要根据环境因素来制订活动计划，因为活动会因环境不同而产生变动。

② **自我反思**：每个行业都有自身的优缺点，在开展活动之前，可以对比一下其他行业的优劣势，学会取长补短。

③ **打探对手**：知己知彼，才能百战百胜，只有知道对手的实力，才能通过提升自身实力，从而取得活动的成功。

145 宣传作用：多种方式铺垫后续工作

活动的开展，前期肯定离不开宣传，只有让更多的人知道活动，才能会对活动产生重大帮助，如果活动当天都没有人参加，即使活动策划得再好，也没有意义，所以宣传十分重要。

（1）宣传口号

口号，一般都比较简短。而宣传口号也是对活动内容的简要概括，这样可以加重受众的记忆点，所以在宣传口号的选择上，要做到易传播、有利益这两点。易传播就是让人念起来朗朗上口，容易记住，比如“走过路过、不要错过”“亏本大清仓、清仓大甩卖”等，有利益就得说出来，直接将利益在口号上体现出来，从而带动销售。例如某服装店的促销宣传口号为“买一赠一，即买即送”，不仅读起来朗朗上口，从口号中还可以让受众感到买一送一的优惠。

（2）宣传形式

行业活动的宣传形式并没有特别之处，传统的宣传方式一般都是制定海报、发传单等，但现在是信息时代，所以对活动的宣传还可以通过网络来传播，如视频、网站、公众号等，如图14-5所示为美容行业的公众号宣传。

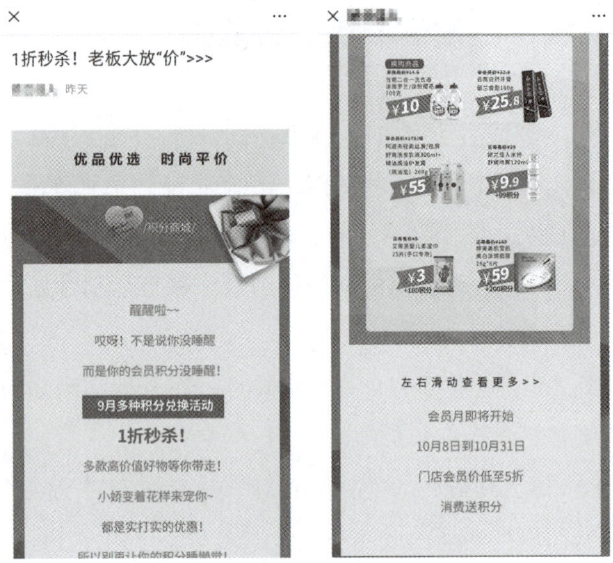

图14-5　美容行业的公众号宣传

146 市场需求：结合产品地位考虑发展前景

行业的经济发展离不开市场的需求，行业活动的策划还要根据市场情况进行调研，以下是对调研情况的具体分析。

① **受众的需求**：对于受众来说，各行各业的活动都见得比较多，但并不是所有的活动受众都会去参加，比如说教育行业搞活动，那肯定是有这方面需求的人才会去关注，像家里有小孩的就会为孩子的成绩着想，培训班什么的可能会留意，若是单身青年，像机构类的培训活动根本不是他们的关注点。总的来说，人缺什么才会关注什么。

② **发展前景**：对行业而言，需要考虑行业有没有发展前景，有些活动可能刚开始推出时效果很好，但过了那段时间，没有考虑后续的实际情况而导致企业倒闭的情况也可能出现。

例如，共享单车行业刚兴起时，大街上到处都是共享单车，那时共享单车公司推出的是“一元包一月”的月卡，此类活动一出，就受到了广大群众的喜爱与支持，纷纷购卡享受活动优惠，出行是大众的大事之一，共享单车的出现给人们的出行提供了便利，解决了上班堵车、等公交时间长的难题。

但好景不长，行业出现了困局，越来越多的单车破损严重，还有一些人私自占有单车，自己买锁将单车锁起来，甚至还有人蓄意破坏、丢弃单车。企业投放到市场上可供顾客扫码使用的单车数量越来越少，只能重新生产、投入，由于数量太多造成资金短缺，最后资金链断裂，致企业倒闭，好多用户的押金要不回来。所以说，发展前景对行业还是很重要的。

③ **产品的地位：**行业活动的策划，其主要目的还是宣传品牌和营销，营销的话自然还是产品，如果想通过营销产品来达到提高销售量获取盈利，那首先得了解产品在市场中的定位，并不是所有的产品都能通过活动就可以让受众自愿买单的，该产品在市场中必须有亮点、有吸引力，这样受众才会关注。

147 营销策略：了解市场需求制定方案

既然清楚了市场需求，活动策划者就可以制定相应的策划方案，那行业活动该怎样进行营销呢？下面进行具体介绍。

① **节日促销：**节日促销活动通常也是较常见的一种活动方式，策划者可以选择利用节假日活动的喜庆氛围，受众通常在节假日中时间比较充裕，也愿意花费更多的时间来选择自己喜欢的商品。

② **文化营销：**活动的目的一般都是以宣传品牌和盈利为主，适当地用文化营销也是为品牌树立形象，还可以传达品牌内涵。例如，某品牌选择请某著名影视明星作为形象代言人宣传企业文化，不仅可以吸引更多的消费者，还能带来良好的市场效益。

③ **免费体验：**现在越来越多的行业为了吸引消费者，选择给消费者免费体验的机会，像餐饮行业有时会推出新菜品试吃活动，美容行业的试用品免费赠送等，为的就是让消费者可以提前享受，觉得满意后再进行购买，这样的活动也可以让消费者相信产品的效果，增加消费者对产品的信任度。

例如，图14-6所示为某美容院推出的免费体验活动，在活动当天凭体验卡即可享受免费体验的优惠。

图14-6 某美容院的免费体验活动

行业活动的种类众多，所以活动策划者在策划活动时不可忽略的一点：行业的性质不同，活动的内容肯定也不一样，如餐饮行业就是以美食为主作为活动的具体内容，而建材家居行业的活动内容则以建材为主等。下面就行业活动的具体内容进行详细介绍。

（1）以产品为主

产品对于活动来说是至关重要的内容，毕竟活动的主要目的还是为了推广产品，所以活动中必须贯彻产品，达到活动目的。

（2）丰富的内容

总的来说，活动只是一种形式，既然是形式，那么活动的内容就是活动的中心了。如果内容枯燥乏味，消费者也不会感兴趣，所以想要消费者积极参与，就要在活动内容上让人觉得丰富多彩，能感受到活动的乐趣。

（3）结合主题

每个活动的内容需要切记不能脱离主题，很多活动的具体内容都是根据活动主题来进行开展的，行业活动也不例外，脱离了主题的活动不能突出中心点，甚至还会影响活动的效果，所以一定要结合主题开展活动。

148 实战案例：××旅行社活动策划书

旅游行业是综合性比较强的一个行业，其中包括了游览、文娱、购物、住宿等，随着生活水平的提高，人们越来越追求享受，所以旅游业得到了快速发展。下面就以《××旅行社活动策划书》为例，模拟一份旅游行业的活动策划书。

（1）活动背景

随着一年一次的毕业季的到来，假期生活也接踵而至，越来越多的毕业生会在毕业后选择一次毕业旅行，所以××旅行社便以此为活动背景，开展此次活动。

（2）活动目的

为了推广旅游品牌，扩大活动的影响力，实现盈利目标。

（3）活动主题

结合活动的背景，为广大学子提供轻松的“毕业之行”，因此，活动主题为“青春之行，毕业之旅”。

（4）活动对象

根据活动的主题可以得知，这是为毕业季推出的促销活动，活动对象一般为刚毕业的学生，如初高中的毕业生、大学毕业生。

（5）活动时间

暑假假期的时间一般为两个月，但考虑还需要前期的宣传与准备工作，所以7月之前的一个星期和暑假正式开始后的一星期为活动报名时间，即2019年6月24日到7月7日。具体活动可分为三个阶段。

① **第一个时间段：**2019年7月8日～2019年7月22日，15天。

② **第二个时间段：**2019年7月23日～2019年8月6日，15天。

③ **第三个时间段：**2019年8月7日～2019年8月21日，15天。

活动参与者可根据自己的时间，选择相应的时间段进行为期15天的毕业之旅。

（6）活动地点

考虑到旅游行业不同于其他行业，旅游行业扩展范围比较广，地点可以根据旅客的喜好进行自主选择，旅行只将景点规划好，供旅客自由选择，但还是会以如下几个主打的旅游景点作为推荐。

① **彩云之南：**大理→丽江→泸沽湖→香格里拉→西双版纳等。

② **湖湘之旅：**张家界→凤凰古城→炭河千古情→神农谷等。

③ **北京之行：**鸟巢→故宫→长城→恭王府→天坛公园→圆明园等。

（7）组织原则

景区景点跟旅行社合作进行组织，活动中旅客必须全程听从导游安排，不能掉队，旅途过程严禁中途退出，有始有终参与此次旅行，若途中有任何不满意的可以跟导游提出。

（8）活动准备

① 确认报名的旅客，工作人员提前订好车票。

② 确认旅客人数，安排导游订景区门票、酒店。

③ 出发前一天核对旅客名单。

④ 询问旅客是否有晕车情况，备好晕车药。

⑤ 建议旅客购买旅行责任险。

（9）活动流程

① 出发前确认旅客名单。

② 车上娱乐猜谜活动。

③ 到达地点后酒店集合。

④ 按路线跟导游出发前往景点参观。

⑤ 提醒旅客保管好自己的行李物品。

（10）注意事项

活动过程中注意自身安全；一定得跟着导游、不可离团自由活动；在游览过程遵守时间，时刻听从导游安排；提前准备好自己的现金和身份证等。

（11）活动项目

① **彩云之南：**结合当地的特色让旅客感受浓厚的民族氛围，如吃的方面有云南十八怪，或者体验当地的节日文化“泼水节”“火把节”等。

② **湖湘之旅：**感受最早的湘文化“天下维斯，惟楚有才”，体验最动人心魂的玻璃桥栈道等。

③ **北京之行：**感叹长城的震撼、天安门的壮阔等。

（12）经费预算

① **彩云之南：**包括景点门票费、餐饮费、酒店住宿费、交通费、导游服务

费、旅游保险费，每人5668元。

② **湖湘之旅：** 包括景点门票费、餐饮费、酒店住宿费、交通费、导游服务费、旅游保险费，每人4998元。

③ **北京之行：** 包括景点门票费、餐饮费、酒店住宿费、交通费、导游服务费、旅游保险费，每人6998元。

（13）活动评估

活动结束后，让旅客对此次旅行做出评价，活动策划者可对旅客的评价进行总结，为下次活动积累经验。活动过程中是否有突发情况发生，对突发情况的紧急处理做好记录。

149 实战案例：××通信行业手机促销活动策划书

通信一直是除了面对面交流之外，人与人之间维持联系的一种重要方式，在以前只通过飞鸽传信的方式来保持联系，随着科技的发展，出现了电话。再到现在，信息时代的通信工具越来越多，通信行业迅速发展了起来，下面就以通信行业的手机促销活动策划书进行模拟。

（1）活动背景

现如今，通信行业已经是国家的经济支柱之一，所蕴含的经济价值不可限量，随着通信业务走向多样化，市场的格局也开始发生变化。

（2）活动目的

各行业的竞争愈演愈烈，通信行业也是如此，为了推广品牌和提高形象以及销售额，策划了此次促销活动。

（3）活动主题

活动主题是每场活动的核心内容，所以活动主题为“从前慢·而今快，思念尽在耳边”。

（4）活动地点

促销活动想要达到活动目的，就必须选择人流量比较大的地方，吸引消费者参与活动，所以最好选择规模大、人流量大的场所，活动地点即为××通信城。

（5）活动时间

因为大多受众都是上班族，所以工作日搞活动人流量可能偏少，从而影响活动效果，因此活动时间最好选择休息日，即活动时间为2020年7月11日。

（6）准备工作

① 前期的宣传工作：制作宣传单、海报，多平台宣传。

② 促销工作人员的培训：对产品的熟悉度，针对性地训练。

③ 准备好多种产品类型：活动现场需要准备足够多的产品，给受众提供更多选择。

（7）活动对象

活动的目的需要对受众有精准性，因此可锁定真正对手机有需求的人，如上班族、学生党等。

（8）活动内容

① 工作人员可扮作可爱的人偶娃娃在路上发传单，吸引路人。

② 准备音响话筒，请主持人在街上炒热气氛。

③ 利用互动小游戏让消费者参与活动，还可获得精美礼品一份。

④ 在店里举行抽奖活动，活动要求是购买手机的消费者即可参加。

（9）活动流程

① 9:00准时开始：放欢快一点的音乐活跃气氛。

② 9:10～9:20：经理人上台致辞。

③ 9:20～9:40：主持人上台开场，宣布活动正式开始，介绍活动具体流程。

④ 9:40～10:00：介绍产品，推出手机机型。

⑤ 10:00～10:20：随机选取活动现场的顾客，当场体验手机的操作性。

⑥ 10:20～10:30：举办方安排节目演出。

⑦ 10:30～10:50：互动小游戏“我问你答”，答对问题的顾客送精美小礼品一份。

⑧ 10:50～11:10：小品演出欣赏。

⑨ 11:10 ~ 11:30：现场购机活动。

⑩ 11:30 ~ 12:00：购机抽奖活动。

（10）现场安排

活动现场是体现活动内容的核心，具体的工作安排落实到每一个工作人员身上，才能更完美地进行活动。

① 活动地点搭建活动舞台，注意不能妨碍交通。

② 工作人员安排：发送传单、导购员、礼品发送员、秩序维护人员等。

③ 保证场地的清洁，检查活动现场的安全性。

（11）活动预算

活动策划者在进行活动策划时，需要对整个活动进行经费预算，从而让管理者更清楚、明了地知道整个活动的大概费用，如表14-1所示为××通信行业手机促销活动策划书的活动预算。

表14-1　××通信行业手机促销活动预算表

活动名称	××通信手机促销活动			
活动主题	从前慢，而今快，思念尽在耳边			
用途	项目	单价	数量	总价
前期推广	广告宣传牌	100元/块	5块	500元
	宣传单	2元/份	500份	1000元
设备租借	话筒	5元/个	2个	10元
	音响	500元/台	2台	1000元
	桌子	700元/张	1张	700元
布置工具	气球	5元/打	100打	500元
	胶带	2元/个	10个	20元
礼品	雨伞	15/把	20把	300元
	自拍杆	5/个	20个	100元
聘用人员	派单员	150元/名	10名	1500元

续表

用途	项目	单价	数量	总价
	主持人	400元/名	1名	400元
	演员	300元/名	4名	1200元
不可预计的花费				1770元
总计				9000元

（12）活动注意事项

① 活动前期招派单员、主持人和演员，在活动前一个星期完成。

② 活动现场秩序的维护，有序进行活动，避免拥挤。

③ 人员工作安排是否到位，有情况及时向负责人反映。

④ 控制好时间点，不可延长活动时间。

（13）活动评估

活动评估是对整场活动的一个评价，是对活动的成功或失败的一个总结，可根据此次活动是否达到目标、有没有提高销售额等进行总结。活动过程中，互动环节是跟受众近距离交流，让受众对品牌有更深的了解；抽奖活动是给购买产品的受众一个福利，从而给受众留下好印象。

168

第15章

9大要素：透析电商活动策划方案

现在是互联网时代，也是信息时代。网络能将信息快速地传播到各个地方，因此，很多人都变得不太爱出门，而电商是通过网络进行产品销售，人们可以通过电商购物，不用再出门找实体店了。那电商的活动应该怎样进行策划呢？本章就从电商活动、发展趋势及支付渠道等9大要素来进行相关分析和讲解。

150 电商活动：网上交易的活动形式

电商，是电子商务的简称，是在网上进行交易和服务的一种活动形式。电商是近些年发展速度较快的行业之一。科技的进步、网络的发达，都是促进电商发展的条件。在以前，人们买东西只有去实体店才能实现，比如有些当地的特产，如果真的需要还得跑到特产的生产地购买，或者托去那边办事的人带回来，这都极不方便。

再比如，历史上很有名的“妃子笑”事件就是很好的案例，传闻唐玄宗的妃子杨贵妃想吃荔枝，但是荔枝难以保存，玄宗只能派人快马加鞭，不间断地运送，无奈路程太远，等送达的时候荔枝早已变了味道。这个例子很好地说明了地理位置会限制人们对物品的需求，而现代社会就不会再发生这样的事情了。

电商很好地帮我们解决了这一难题，只要是想买的东西都可以通过电商平台购买，甚至是一些国外才有的东西。图15-1所示形象地诠释了电商的购物便捷之处。

图15-1　电商购物的便捷之处

151 发展趋势：带动经济走上国际化

活动策划者如果想深入地对电商活动进行策划，就得先了解电商的发展趋势。电商的发展前景已经成为时代发展的一种代表趋势，越来越多的行业会将自己的产品放到电商平台上，通过网上交易的方式将品牌或产品推送得更远，从省内到全国，甚至到海外。因此，电商也走上了国际化，很多电商不仅在国内进行线上交易，还能跨境与其他国家的用户进行交易，图15-2所示为跨境电商平台的交易规模分析图。

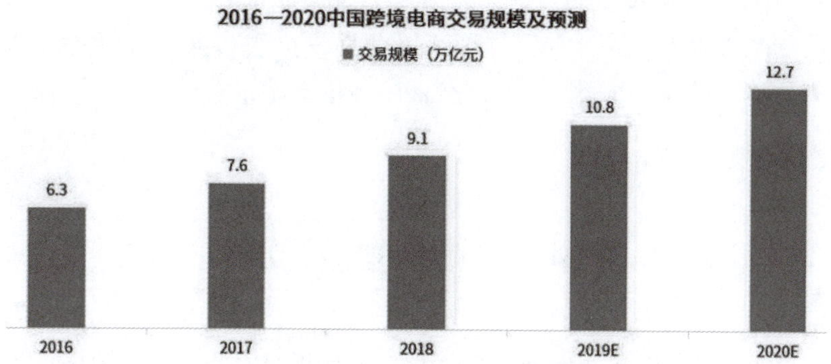

图15-2　跨境电商平台交易规模分析图

由图15-2可见，跨境电商平台交易的资金量非常大，此图也很好地说明了电商平台在国际化的发展趋势下需求比较大，消费者在这一领域的需求也是很有市场的。

152　支付渠道：多种方式给活动提供便利

电商活动最重要的就是网上支付环节，既然是重要的环节，那么需要考虑的问题就很多，具体分析如下所示。

① **安全性**：网上支付是否安全是必须考虑的，毕竟跟钱财相关的都是大事，所以在支付时保证信息传输的安全，以免信息被泄露，可在防诈骗、盗用、窃听的基础上采取一些措施。

② **便利性**：考虑到消费者支付方式的不同，电商平台可采用多渠道支付方式，如微信支付、支付宝支付、信用卡等。

电商平台刚兴起的时候，支付方式比较局限，在淘宝购物还得开通网上银行才能进行交易，并且得去银行开通，只用这一种支付方式还是不太方便，有些不太会操作的消费者可能会因为麻烦而放弃在该平台购物。随着电商平台系统越来越完善，支付方式的多样化很好地解决了这一问题。下面来了解一下电子商务最常用的3种支付手段。

① **货到付款：**这是一种需要等买家拿到货并检查质量后，再付款的一种支付手段。

② **网银支付：** 通过网上银行进行交易的一种方式。

③ **第三方平台支付：** 如今，第三方支付平台是支付中运用最为广泛的一种方式，通过在第三方平台注册电子账户并将自己的银行账户信息授权给支付平台，然后就可以进行支付。前提条件是该电商平台跟第三方平台有合作。比较常见的有微信、支付宝等。

153 物流服务：管理信息追踪物品情况

物流，是运营电商活动的硬性条件之一。如果没有物流运输渠道，电商平台也只是纸上谈兵的空话，电商使广大受众省去了出行购物的麻烦，物流则负责让受众享受到送货上门的服务。

① **运输：** 顾名思义，就是将物品从这个地方搬运到另一个地方的活动，常见的运输工具有货车、火车、高铁等。

② **库存：** 将物品的数量进行统计和控制。

③ **包装：** 物品的包装在运输过程中起到了很重要的保护作用，所以对包装技术也是有要求的，需要根据物品的类型选择相应的材料来进行包装，如信件类的物品直接用信封袋装就可以了，而像易碎类的玻璃瓶等物品，就需要用专门的防摔软泡沫纸进行包装，再用胶布固定。

④ **流程加工：** 物品在运输过程中从出发地到目的地，可能还要中转好几次，在这个过程中需要对物品进行记重、贴标签、组装等。

⑤ **信息管理：** 运输过程中需要对物品的信息进行登记，方便卖家和买家随时跟踪物品的具体情况，如图15-3所示。

图15-3 信息可随时进行查询追踪

154 运营方式：多种模式提供交易平台

电子商务作为一种新型交易方式，可以通过企业产品、消费者和网络开辟出一个新的天地，从它的发展性来看，电子商务有以下基本特征。

① **普遍性：**当今社会，几乎人人都会使用电商平台进行购物。

② **便捷性：**电商的便捷之处在于人们可以不用受地理位置的限制，在时间上也可以自由灵活地选择，只要你想，就可以随时随地的满足这种购物需求。

③ **整体性：**电商有一套完整的工作流程，将人工操作和系统运行结合成一个整体，大大地提高了人力、物力的利用率。

④ **安全性：**网络虽然为信息传递提高了速度，但同时也有隐患，像病毒侵入就是一大问题。因此，电商平台在这一块要设置好防火墙、信息加密、安全管理等解决方案。

电商的运营模式是构成电商活动的要素之一。开展电商活动必须知道电商的运营模式，这样才能从根源上对活动进行策划。比如商家需要将一个东西贩卖并实现盈利，但商家根本不知道通过什么样的渠道去贩卖，也不知道买家是谁，那又该怎样去进行交易呢？只有从源头出发，才好开展后续的工作。

（1）网上综合商城

商城，顾名思义，就是指商店组合起来的城。正是因为有许多的店连接在一起才组合成商城，它就像我们平时去逛商城一样，一进去会分好几楼层，每层楼都有好多不同的店铺，有卖服装的，有卖护肤用品的，各种各样，应有尽有。而电商网站上的综合商城也是如此，它有完整的购物体系、购物群体和支付系统等，例如淘宝的天猫商城，如图15-4所示。

图15-4 天猫商城

网上综合商城还给各品牌提供了交易平台，消费者可以通过交易平台购买物品，卖家通过交易平台卖东西，他们就组成了销售链。

但有一点需要注意，这种商城的平台组建人自己不参与交易，就是说他们不会将产品放到商城里去卖，只是给其他品牌提供一个交易的平台。而且网上综合商城没有时间限制，它不同于我们现实生活中的商城，到点了会关门，它一天二十四小时都可以进行交易。

网上综合商城与线下商城相比，优势太突出，具体分析如下所示。

① **成本低：**有丰富的产品、便捷的物流；

② **无区域限制：**电商平台可以随时随地进行交易。

（2）服务型网店

为了满足广大受众不同的个性需求，以服务为主的网店越来越多，像常见的代购店，就是帮顾客到不同的地方购买到顾客想要的产品，通过收取服务费来盈利，图15-5所示为某代购店的宣传单。

图15-5　代购店以收取服务费盈利

（3）团购模式

不少商家为了提高产品销售量，会采用薄利多销的营销方法，因此便出现了团购。团购是指由很多消费者一起联合购买商品，而商家会给出低于零售价格的一种促销方式，消费者也可以通过低价买到自己心仪的商品。团购是电商活动中一种新兴的模式，消费者可以通过自己组团或者由商家发起组团。比较常见的团购应用有拼多多、美团等，如图15-6所示，可以明显看出来团购价格比单品价格要低。

图15-6　团购模式中团购应用

（4）社交电商

社交电商是一种通过网络媒介传播的社交互动进行商品贩卖和购买的一种衍生模式，如微博、博客等。通常情况下将它分为两类。

① **平台自营类：**像一些社交软件除了基本的社交功能之外，还会通过销售商品来获得盈利。

② **推广信息类：**许多用户通过在社交平台上分享商品的体验信息，让更多的人了解到商品，帮助商家实现商品推广。

155　宣传形式：线上发布信息推广活动

电商活动跟其他活动不一样的是，电商活动基本都是通过线上来完成，那如果要举办一场电商活动应该怎样进行宣传呢？活动策划者可以用以下几种方式来为活动进行宣传。

（1）广告推广

广告推广在电商活动中是最常见的一种方式，广告的宗旨是让更多人知道这个消息，但是广告需要注意语言的应用，广告语不能太过繁琐，语言应该简洁明了、突出活动重点，否则会让消费者疲倦厌烦，图15-7所示为某电商活动的孕妈专场的广告宣传语“两折起，任性购”，广告语简洁明了，突出了活动“两折优惠”的主题。

图15-7　广告宣传推广

（2）网站推广

有些商家会通过付费的方式，将自己的产品放在电商网站的首页上来进行宣传，吸引他人注意，达到活动目的，如图15-8所示，某品牌将自己的商品放在京东官网的最中心位置，消费者只要一进网站就能看到该商品信息。

图15-8　广告宣传推广

（3）微博推广

商家还可以用微博发起相关话题，借助网友的力量扩大宣传，将活动气氛活跃起来。例如，图15-9所示为某企业为新品做宣传活动，在微博上发起了话题活动，受众只要参与话题互动，即可赢得奖品。

这样的活动可以通过受众的转发量和评论量看出宣传效果，越多的人关注活动，也是为活动的成功奠定了良好的基础。

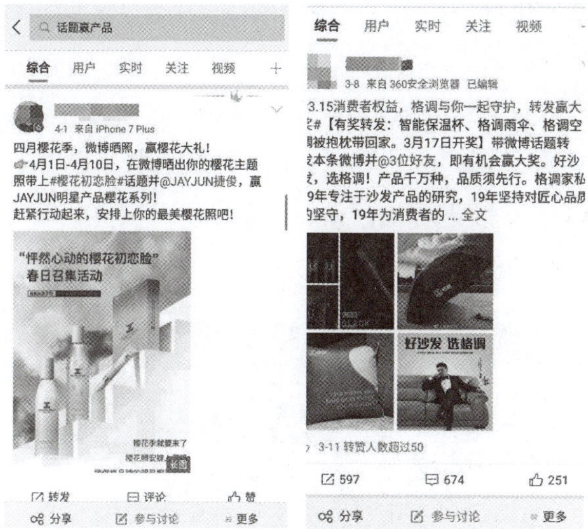

图15-9　微博话题互动

（4）微信公众号推广

电商活动还可以利用微信公众号来进行相关宣传和推广，现在几乎每一个人都会使用微信，公众号的影响力也十分强大，如图15-10所示，天猫超市在公众号上发布“618”的活动信息。

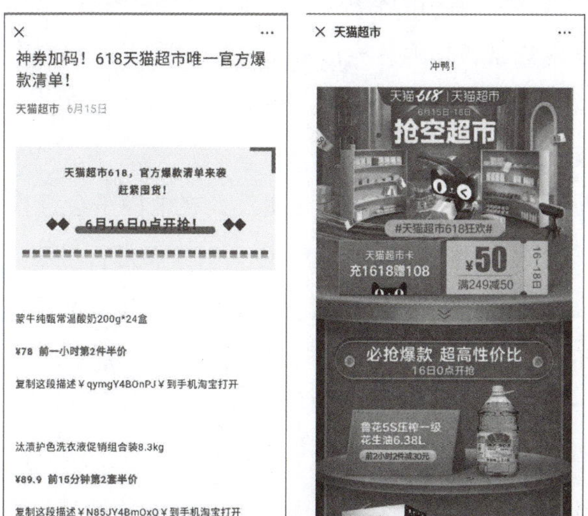

图15-10　借助微信公众号宣传的电商活动

156 活动要点：按产品定位进行具体策划

活动策划者想对电商活动进行具体的策划，还有些需要注意的事项，下面就来进行相关的分析。

① **确定主题：** 电商活动虽然是以线上为主，但每场活动都离不开一个核心主题，电商活动也是，因此活动策划者在主题的选择上，一定要慎重考虑。图15-11所示为某旗舰店的主题电商活动，从主题中可以直观地看出来，活动是借助奥运会的热点进行的促销活动。

图15-11　某旗舰店的主题电商活动

② **活动内容：** 电商活动的形式多种多样，所以活动的内容也要尽量丰富多彩一些，让消费者感受到活动的有趣，促使他们积极参与。

③ **市场定位：** 企业和品牌开展活动是为了品牌宣传和销售盈利，因此活动开展还得进行市场调查分析，了解产品在市场中的定位，才能更好地知道受众的需求，从而使活动达到预期效果。

④ **店铺页面设计：** 从消费者的角度出发，在电商平台选择商品时，除了从自身的需求考虑情况外，更多的是要到平台上看页面是否足够吸引眼球，如果是美观、创意、有趣的店铺页面，消费者肯定也会忍不住多看几眼。

⑤ **用户评价：** 用户评价方面就涉及售后服务，众所周知，电商有售后服务，售后是用户在收到产品后，对产品的一些反馈，千万不要小看这些反馈，如果想要用户能复购，就一定要细心对待这些评价，处理好了对销售量是一种保障，能在用户心里留下较好的口碑，相反，如果选择不处理，则有可能影响品牌形象。

例如，图15-12所示为某旗舰店的评价信息，好的评价信息会给店铺建立良好的口碑，满意度分值也会提高。

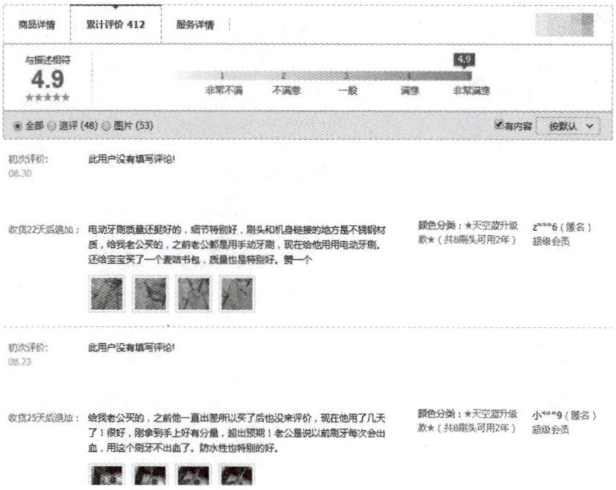

图15-12　某旗舰店的用户好评信息

⑥ **物流选择：** 电商跟物流公司存在合作关系，这样才能保证电商活动正常的运营，而电商活动在选择物流公司这一方面需要特别注意，消费者在下单后肯定希望能在最短期限内收到商品，所以在物流选择这方面，可从速度、成本两方面考虑。

商家出售商品肯定不可能只是一件两件，商品数量多，成本就会增加，还需要考虑运输过程中的速度问题，对买家来说当然是越快收到货越好，现在最快的物流公司是顺丰，可顺丰的成本也是所有物流公司中最高的，邮政相对来说最便宜，但是速度也最慢，有些偏远地区的买家可能要一两个星期才能收到货，因此在选择物流公司时，最好将速度和成本两者结合，进行综合筛选。

157 实战案例：××网店双十一活动策划书

下面就来拟定一份关于电商活动的活动策划书，以《××网店双十一活动策划书》为例。

（1）活动背景

互联网与我们的生活息息相关，在网上购物已经成为一件很平常的事情。电商行业在众多行业中算是发展比较迅速的，越来越多的人愿意加入这个行业，在这么多的电商平台中，淘宝可以说是电商中的老大，对市场的影响力很大，因此很多人打算自己开网店，但在这一块的竞争十分激烈，网店想要增加销售量，就得通过促销活动实现。伴随着双十一的到来，这在电商活动中是一个重要的时机，各网店想在平台中站住脚，获得可观销售额，就要对此次活动策划引起重视。

（2）活动目的

通过双十一促销活动提高网店销售量、流量，提升在消费者心里的形象。

（3）活动主题

活动的目的是为了在双十一期间开展促销活动，提高销售业绩，因此活动主题可跟双十一相呼应，则为“心动双十一，行动就送礼”。

（4）活动内容

在活动内容上面，可体现得更具体一些，这样也能方便别人更直观地感受，因此活动内容如下所示。

① 在活动前，可对店铺进行装饰，衬托促销气氛。

② 对店铺里上架商品的详情页面进行编排，最好以图文并茂的形式，注意色彩搭配，从而吸引消费者，调动消费者的购买欲望。

③ 在双十一到来之前，提前对活动进行宣传，可用一些小商品的优惠福利吸引顾客，并让顾客收藏店铺，收藏店铺的顾客即可获得5元代金券，活动当天进店购买商品即可使用。

④ 双十一活动当天，运用各种各样的促销方式对商品进行促销，让顾客感受到最大力度的促销氛围，同时也要为每一位顾客提供最优质的服务，千万不可因为活动当天忙不过来而冷落顾客。

⑤ 双十一之后，双十一过去之后，不要急于马上结束活动，因为考虑到可能还有晚到的顾客，虽然没有享受到双十一的最大福利，但一些小福利也还不错，这样也是让顾客知道，卖家有站在顾客的角度考虑问题。

（5）活动时间

活动时间为2019年11月11日00:00～2019年11月11日24:00。

（6）活动对象

××网店会员、新注册用户、特定商品购买人群等。

（7）促销方式

① **满减促销：**这样的促销方式最常见，很多网店选择活动时，都会用这种方式来吸引消费者，如满100元减10元，满200元减20元，如图15-13所示。

图15-13　满减促销方式

② **打折促销：**最直观的促销方式便是打折，也最容易让人理解，如全场5折，一看就能知道所有商品，只要花费原有价格的一半便能买到，如图15-14所示。

图15-14　打折促销方式

③ **买一送一：**全场商品，进店选购者买一件送一件，这样的福利对消费者来说还是比较有吸引力，相当于同样的价格可以买两件商品，非常划算。

④ 两件包邮：很多顾客在买东西时都有这样一种心理，希望商品可以包邮，这样自己就不用出运费，所以顾客在选择购买商品的同时，也会下意识选择包邮的商品，而两件包邮就是利用了顾客的这样一个心理，多买一件就能享受包邮的优惠。

（8）客服服务

一般的电商活动，都是人工和系统相结合。人工，就是直接管理店铺的客服；系统，也就是为客人提供服务、帮助客人解决问题的智能助手。在双十一活动当天，人流量肯定也会比一般时候要大很多，在这种特殊时期对客服也有要求，比如回复客人问题的速度，不能因为速度要快就忽略服务的宗旨，要用礼貌用语对待客人，不可怠慢，另外再结合活动气氛使用一些欢快的语句，也会加深顾客对店铺的好感，提升他们的购买欲望。

（9）售后服务

电商活动的售后也非常重要，这直接关系到店铺的口碑以及之后活动的开展，所以做好售后工作是每场活动的必备之举，当顾客对买到的商品有问题需要咨询时，要耐心地跟顾客作出解答，或者当商品出现质量问题提出退货请求时，在询问清楚情况后按流程给顾客进行退货，售后最需要注意的一点是，当顾客有问题来找你时，千万记得要及时回复处理，不要拖太久，否则当顾客产生不信任的想法后，会对店铺的影响不利，到时再去解决也晚了。

（10）活动评估

此次活动是利用双十一开展的促销活动，商家选择了许多不一样的促销方式来满足消费者的不同需求，从而吸引更多的消费者来购买商品，达到活动目的，增加销售额。

158 实战案例：电商七夕促销活动策划书

节日促销是电商活动中最常运用的活动形式，下面就以七夕情人节模拟一份《电商七夕促销活动策划书》。

电商七夕促销活动策划书

（1）前言

七夕，是一年所有节日中最浪漫的传统节日。各大电商纷纷借这个节日的时机举办促销活动。从市场分析，活动的种类不计其数，而活动的样式也是层出不穷，各大企业和品牌都希望以此来达到增加销售业绩和提高曝光度的活动目的。

（2）活动背景

七夕，又称乞巧节、女儿节，时间为每年农历的七月初七。国外把每年2月14日定为情人节，七月七日这一天现在演变为了中国情人节。根据市场调查，七夕情人节在市场这块已经成熟，不少年轻人都非常喜欢过这个节日，因此以此为契机开展促销活动再好不过了。

（3）活动主题

活动策划者可根据节日选定相关主题，但主题一定要有新意、符合活动内容，所以活动主题为“**浪漫七夕，情定三生**”。

（4）活动时间

电商活动不受限制，所以活动时间选定在七夕当天：2020年8月25日00:00～24:00。

（5）选择产品

活动开展之前应先了解一下七夕对于人们的意义，可以从他们的角度出发调查，七夕最想收到什么样的礼物，从而选择相应的产品进行上架。

① 送节日礼物的机会只有一次，所以还是选择有基础销量的产品为好。

② 评价过得去的，中好评为主，毕竟谁不会选择有差评的礼物拿去送人。

③ 有特殊意义的，如自己可以手工制作的，显得更用心，或者在商品上可以刻名字的等。

④ 包装精致的，现在的社会不止人要看颜值，礼物也需要看包装，试想收礼物的人看见礼物的包装很精美，心里肯定也会开心不少。

除了站在情侣角度，提供为情侣准备的礼物之外，还可以从单身青年的角度出发，选择适合单身人士的礼物上架，毕竟世界上并不全是情侣。

（6）促销活动

商家既然选择在七夕搞活动，当然是因为这个节日契机，所以前期的宣传很重要，通过宣传可以为活动带来流量，活跃气氛，所以应该怎样宣传为活动提升人气呢？

① **投放广告：**在活动前一两个星期可以在各平台网站发布活动信息，让消费者知道活动信息，如图15-15所示。

图15-15　在网站上投放广告

② **限时抢购：**商家可以用几件商品作为特价商品，并设置时间让消费者限时抢购，吸引消费者眼球。这样的方式一般都很受消费者欢迎，因为对他们来说只是花费点时间就能买到低价格的商品，在平时价钱可能要高出很多。

③ **抽奖发红包：**抽奖活动一直深受人们的喜爱，商家用抽奖的方式为活动做宣传也比较可取，如在活动前关注店铺的消费者即可在活动前一天参加抽奖，抽中奖的消费者可获得红包奖励，如图15-16所示。这样的方式在活动当天聚拢了人气，炒热了气氛。

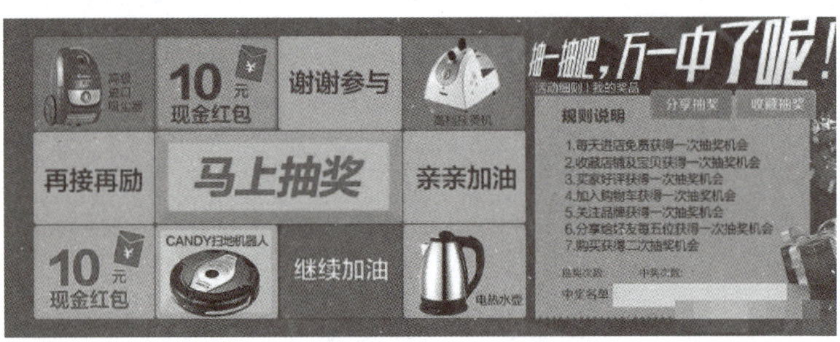

图15-16　利用抽奖活动吸引消费者

（7）营造氛围

在七夕，很多商家选择以爱情为主题，打造活动氛围，让消费者可以一进店就感受到扑面而来的恋爱气息，在视觉上造就强有力的冲击。图15-17所示为某网店的七夕首页活动信息，该店铺选择用粉紫色为活动主打颜色，爱心卡片里面的一对情侣很好地诠释了活动的主题，总体给人一种甜甜的感觉，让人看了就觉得很舒适，也会吸引人产生进店购物的想法。

图15-17　店铺首页打造活动氛围

所以说，店铺的氛围很重要，氛围营造到位可以使活动更容易取得成功，氛围营造可以从以下几个方面进行参考。

① **店铺页面：**页面就是店铺的门面担当，因此，在页面设计这一块千万不能马虎，可以结合活动主题来进行相关介绍，如七夕节就该以浪漫、甜蜜为主进行设计。

② **海报设计：**海报是消费者最能直观感受活动内容的一种形式，也最能体现活动氛围，同样，海报也最能吸引人眼球，所以在设计要创新、注意色彩搭配得当，如七夕可以以红色、粉色、紫色等鲜艳的颜色为主，营造七夕的浪漫气息。

（8）服务专利

很多消费者会选择在网上购买商品，对于七夕活动，商家可以提供一些贴心服务，如代写卡片、代写情书等，将这些服务在商品页面上体现出来，有这些需求的消费者自然会被吸引过来。

168

第16章

10大方法：打造新媒体活动策划方案

新媒体已经是一种趋势，它打破了传统媒体的局限，让人们有了更多的选择。因此，运用新媒体平台举办活动也成为一种炙手可热的方式。本章从新媒体活动的特征、类型及运营方式等方面，教大家如何打造新媒体活动策划方案。

159 新媒体活动：多种形态呈现的传播技术

新媒体，是一种在新技术支撑体系下出现的媒体形态。它不同于传统媒体，传统媒体有四大类，分别是报纸杂志、广播、电视、户外媒体。而新媒体则包括手机短信、移动电视、触摸媒体和数字电影等，因此，也被称为“第五大媒体”。

新媒体的概念比较广泛，它是利用网络技术和数字技术，以互联网和卫星为终端，为用户提供信息和娱乐的一种传播形态。图16-1所示为现实生活中接触比较多的新媒体平台。

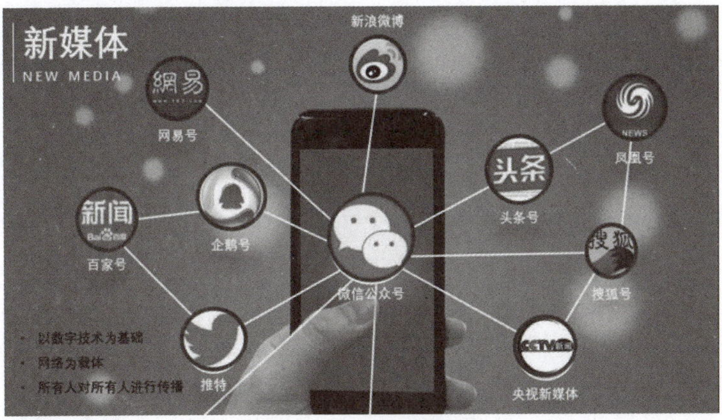

图16-1 常见的新媒体

160 新媒体特征：用数字技术打破传统局限

新媒体最典型的形式就是以数字技术为主，它打破了以往传统媒体的局限，传播的媒介形式也各有不同，还可以跨越空间实现全球化。下面来了解新媒体的具体特征。

① **个性化：**在以往，科技发展还没有现在先进，很多媒体传播的信息都是大众化的，也就是说每个人看到的信息都是一样的。而随着技术的进步、新媒体的出现，每个人可以通过新媒体来选择自己喜欢的内容。因此，新媒体既可以提供相同的信息，也能提供不同的内容，这对新媒体受众来说，和过去只能被动接受的区别是很大的。

② 选择性多：对新媒体来说，每个人都可以接受信息，同时也可以发布信息。比如，用户可以一边看电视，一边用手机搜索自己感兴趣的信息等。而传统媒体发布信息的话，只能由新闻机构进行发布，用户在接受信息方面是没有选择的。但新媒体受众可以有很多选择，如选择自己喜欢的内容阅读、在平台上发布自己写的文章等，图16-2所示为今日头条的页面详情，用户一进去即可根据推荐选择自己喜欢的内容。

图16-2　用户可以进行自由选择

③ 形式多样：新媒体打破了陈规，它可以将音频、视频、文字等多种形式结合在一起展现出来，从而让人在视觉上感受到内容的丰富多彩。另外，内容还能无限制地扩充，因此新媒体的容量是非常巨大的。如图16-3所示，用户在小红书上通过文字、视频等形式记录自己的生活。

图16-3　形式多样的新媒体

④ **无时间限制：** 新媒体是没有时间限制的，不像电视、广播发布信息有时间限制，新媒体可以实现只要你想就能随时发布信息的可能，24小时内都能随时在线发布信息。

161 新媒体类型：多样化种类的体现形式

新媒体的类型繁多，因为它的展现形式不一样，所以会划分为多种类型。下面就来了解一下新媒体的类型。

① **手机媒体：** 现在的生活，人们出行可以不带钱，但是绝对不能不带手机。这也说明了手机对大众的重要性，而手机媒体就是借助手机来传播信息的一种工具。手机媒体的特点是方便携带和有声音提示，可以随身携带，因为它体积小也不会太占空间，而手机的声音提示可以随时提醒用户及时查看信息，如图16-4所示。

图16-4　手机微信的声音提示设置

② **数字电视：** 电视，我们都很熟悉，家家户户都有，我们现在接触到的电视都是数字电视。数字电视是通过数字编码将图像、音频信号等转化成数字信息传输的电视。

③ **互联网新媒体：** 互联网新媒体涉及的范围比较广，像电子杂志、网络电视、博客、视频等都属于互联网新媒体。

• **电子杂志：**将文字、图片、音频、视频、动画和文字转化成电子版的一种展现形式。因为传统的杂志是有翻页效果的，电子杂志也具备这一条件，因此就将这种展现形式称为电子杂志。电子杂志的特点是体积大、发行方便、发行量大。

• **网络电视：**通俗地讲，网络电视是以网络为主，将传统的卫星电视节目用电视服务器进行二次编码成流动媒体，然后再由网络传输给用户观看的一种视讯。网络电视的特点一般为个性化互动、节目类型丰富、收视快捷方便。

• **视频：**视频是指将一些静态影像用电信号的方式捕捉、记录、处理、储存、传送及重现的技术形式。将连续多幅的静态画面依据视觉原理呈现出平滑连续的视觉效果，这种就叫做视频，图16-5所示为芒果TV与抖音视频APP，我们还可以将自己制作好的视频进行上传。

图16-5　常见的视频软件

④ **户外新媒体：**户外媒体是传统的四大媒体之一。它的表现形式一般为广告牌、灯箱、车体等，而户外新媒体跟户外媒体的区别在于，户外新媒体是以液晶电视为传播工具，将传统的户外媒体形式与户外新媒体的应用技术结合在一起，使传统的户外媒体在质量上展现了不同以往的表现形式。

在生活中，我们身边随处可见的地铁电视、公交电视、楼宇电视和列车电视等都属于户外新媒体。

162 新媒体运营：提高活跃度实现用户转化

新媒体能运营成功，最重要的一点就是用户的活跃度。用户的活跃度一般指的是用户对新媒体内容的浏览量和互动时的信息数量。活跃度越高，说明该新媒体运营得越成功。

活动策划者打造新媒体的活动方案，首先得了解新媒体的运营目的，从而确定活动目标，而新媒体的运营目的是稳定老用户、挖掘新用户、提高忠诚度，实现转化，获得商业盈利。所以提高用户的活跃度是关键，应该怎样提高用户活跃度呢？可以采用以下几种方法。

① **消息发布，因人而异**：用户都喜欢关注自己感兴趣的消息，所以在消息发布这一方面，应该做到因人而异。因为不同的人品位也会不同，有些消息对一些人来说很有价值，但是可能会被其他不感兴趣的人忽视。因此，在发布消息时，要有针对性，向不同的人发布不同的消息。

② **体现用户参与性**：随着新媒体的运用越来越广泛，用户可以在各平台自主地发表个人言论，新媒体可以多让用户发表自己的观点，只有自己参与其中了，才会格外关注话题。如果是开展活动，那么用户的注意力也会放在自己参与过的话题上，这样可以大大提高用户的参与性。

③ **开发创意**：在很多新媒体平台，如果想要吸引人关注，可以从创意这一方面入手，但前提条件是必须新颖、别具一格，不然很难有吸引人的效果。

④ **设置游戏**：劳逸结合才是最好的工作方式，很多新媒体平台也想到了这一点，所以会在平台上设置一些小游

图16-6　微信程序小游戏

戏，以供用户放松身心，也能满足用户的精神需求。从实际操作来讲，小游戏操作简便，确实很吸引人，图16-6所示为微信推出的程序小游戏。

虽然可以运用以上几种方法来提高用户的活跃度，但是需要知道的一点是，每一个新媒体平台的用户活跃度是不可能一成不变的，有时还可能会有比较大的波动。所以在很多时候，为了规避风险，可以选择多个平台来维持用户的活跃度。

163 新媒体内容：结合企业品牌进行创新

前面了解了那么多关于新媒体的特点及类型，相信大家对新媒体活动策划心理也有了一个大概的模型。下面介绍新媒体的相关内容，相信通过这次学习，活动策划者会对新媒体了解得更加清楚明了。

（1）结合企业品牌文化

一般来说，每个企业都有自己的品牌，品牌也代表着企业的信誉。而企业品牌是产品的标志，很多受众会根据品牌来选择产品，这说明该企业的品牌在受众心里树立了良好的形象，并有着深远的影响力。

所以当企业品牌达到一定实力时，就会达到这样的效果，而新媒体相对于传统行业来说，其品牌文化系统的时效性和周期性都很短暂。想要提高品牌影响力，就必须吸引潜在的受众，让受众知道并且了解这个品牌。新媒体的表现方式是让受众通过潜移默化的方式接纳其文化价值和情感上的诉求，慢慢产生对这个品牌的印象，从而生出好感。经由受众之间的相互推荐传播，品牌的影响力自然就扩大了。

例如，图16-7所示为腾讯新推出的视频软件——腾讯微视，以腾讯品牌直接冠名，有了品牌结合的新媒体相当于有了强大的后盾，才更容易取得成功。

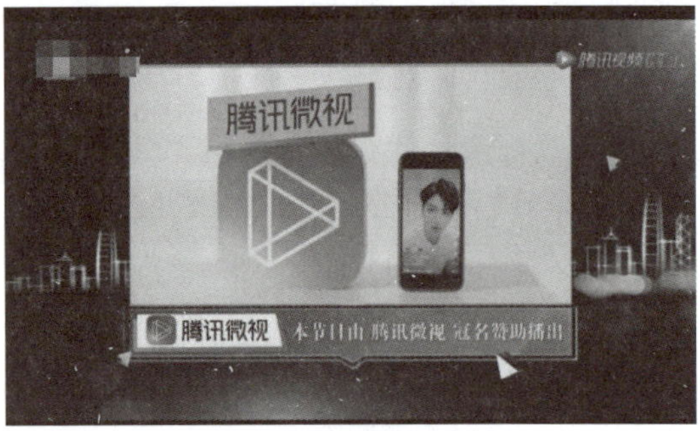

图16-7　腾讯微视

（2）运营上好玩既好用

新媒体运营的成功之道相

似，几乎都要满足两点要求，要么是特别有吸引力，要么是实用性比较强。这就和现实生活中人们选择商品一样，一是有需求，看中其功能；二是觉得外观吸引人、独特或者好玩，才会进行选择。所以，新媒体在运营上也是一样的，产品符合这些条件，用户自然就会选择。那怎样让产品变得好玩又好用呢？可以从以下几点来进行分析。

① **认识自己的产品：**产品是新媒体运营的基础，只有全面地认识自己的产品，才能根据产品的特点设计出最吸引人的活动，还能对产品进行反思。

② **了解用户：**了解是一个长时间的过程，只有清楚地知道用户的需求，才能有针对性地满足用户。同时还可以选择和用户长时间接触，融合到用户生活当中，提升客户忠诚度，经过长时间的接触与交流，自然就会了解用户的喜好及特征。只是依靠一些数据来分析用户，那得到的信息是不全面的。

（3）借助他人传播

新媒体的传播形式是多样化的，相较于传统媒体，新媒体在传播形式上可以双向选择，发布者可以跟受众直接互动。但是如果想要加大影响力，光靠自身的实力和精力是远远不够的，而且还有局限性。

所以，在这个时候就可以选择吸引一些其他的自媒体人来帮助传播，要知道，群众的力量是非常强大的，尽可能让多个领域的人来了解自己，让更多的人来帮忙推广自己的产品或理念。

（4）用创新抓住眼球

对于产品内容，想让受众深入了解产品内容，第一印象很重要，很多受众会直接通过第一印象来进行产品选择，所以树立良好的形象是非常必要的。很多受众在产品内容上都会选择比较新颖的，那新媒体怎么将这内容分享出去呢？具体分析如下所示。

① **新颖的标题：**不少产品会借助搜索公司来进行宣传，通过付费的方式将自己的产品放在最显眼的位置。但是这样的方式不一定有用，因为他忽略了受众搜索时会选择查看自己感兴趣的内容，所以有时即使展示到位，也可能只是浪费金钱。因此，只有在搜索标题上做得足够新颖、有趣，才能引起受众的注意。例如，图16-8所示在搜索引擎搜索“新媒体”三个字，就会出现很多标题含有“新媒体”的内容。

② **了解新闻内容**：一些刚起步的创业公司，是没有任何名气的，如果想通过展现自己来吸引消费者的目光，还是有些难度。所以，可以通过新闻营销的方式突出自己产品的特点，与受众产生共鸣，从而让受众对产品产生兴趣。

图16-8 利用搜索引擎选择新颖的标题

164 营销方式：以植入式方法达到宣传目的

新媒体的运用在现实生活中越来越广泛，很多企业和品牌也会选择将新媒体运用到营销上，下面就来详细了解关于新媒体的营销方式。

（1）微博营销

微博，是一种社交网络平台。在网络时代，微博已经成为人们主要的网络交流工具。可以利用微博营销为产品进行宣传，来达成企业和品牌的活动目的，但微博营销需要具备以下三种特点才可能成功。

① **定时性**：只有将消息定时发布，才能保证信息及时传递到消费者手里，让消费者在第一时间得知消息，并且有时间思考自己是否要选择购买商品。

② **定量性**：除了要定时发布信息，还要保证信息的数量。如果一条有效信息的发布次数是几天一次，那么对消费者来说肯定会觉得活动可能已经过时了，不然为什么宣传信息这么少，也会对此产生怀疑，所以，信息发布还要满足定量性。

③ **定向发布**：定向的意思就是不同方向发布不同信息，因为不同的受众需求也会不同，只有将信息准确地传递出去，才能确定有需求的消费者得到的信息是有价值的。

（2）植入营销

植入式营销，见得最多的就是广告了。**植入式营销是将产品和服务巧妙地代入相应的情节中，受众在感受情节的同时，会下意识地对宣传留下印象，这种方式被称为情节营销。**这种方式受众比较容易接受，活动效果也比较明显。图16-9所示就是将“58同城”植入到电视情节中。

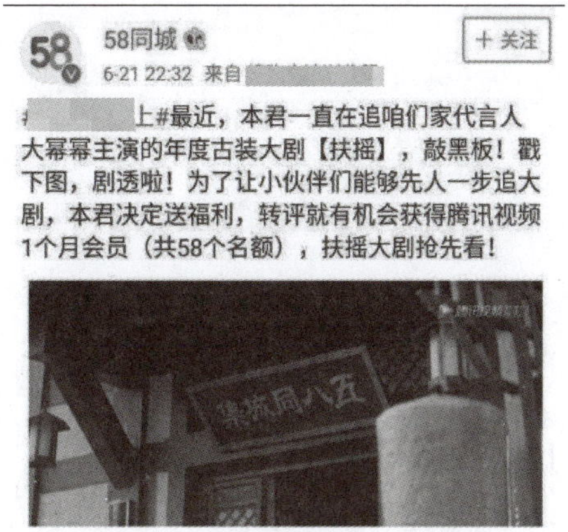

图16-9　电视剧中的植入营销

除了情节植入之外，普遍的还有影视植入和综艺节目植入。**在影视和新媒体上，植入广告呈现效果最好的是影视，但是光有效果还不够，对于企业和品牌来说，只有实现消费、达到盈利才算完成目标。**

而综艺节目的形式多样，一般播的都是大众比较感兴趣的娱乐性话题和内容。一些综艺节目之所以会受到观众的喜爱，是因为节目有自己的特色，不同于一般的综艺形式。因此，此类综艺节目能让观众感受欢乐，受欢迎的程度非常高。如果在这样的综艺节目中植入广告，观众是比较乐于接受的。热门综艺《中餐厅》中的植入广告——立白，因为该综艺主要以餐饮服务为主，其中在洗碗时用到的立白洗洁精就是植入的广告，观众即使知道，也不会很反感。

（3）病毒营销

病毒，这两个字一听就觉得是个可怕的东西，但是在营销学上，病毒营销是利用公众的积极性和人际网络，让营销信息像病毒一样传播和扩散，因此病毒营销的对象就是符合要求的潜在用户。例如，图16-10所示为一夜火遍网络的“反手摸肚脐”话题。

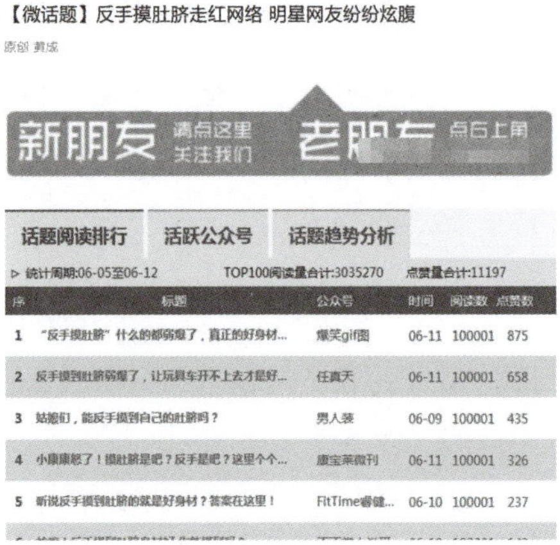

图16-10 “反手摸肚脐”话题火遍网络

上图所表现的就是典型的例子，病毒营销的目标就是让消费者在接受信息后愿意参与，然后通过不停地复制得到病毒式效应，从而实现在极短时间爆发式的传播。

165 新媒体目标：坚持可持续发展实现盈利

活动策划者在做新媒体的活动策划之前，首先应该了解新媒体运营的目标是什么。一般来说，**新媒体的目标分为盈利性和可持续发展性。**

① **盈利性：**新媒体的产品种类涉及较广，但不管是可玩的、可用的、可看的，还是供娱乐的，产品运营都比较关键，运营得好不仅可以增加产品的生命力和活力，还能让新媒体获得盈利。

如图16-11所示，火山小视频为用户提供一种通过发视频来盈利的

图16-11 通过发视频获得盈利

方式，该视频软件在刚推出时影响力非常大，很受大众欢迎，因此也给新媒体用户带来了不少的收益。

② **可持续发展性：** 任何一种新媒体的运营都需要符合可持续性的目标，只有这样，才能长久地发展下去，从而将产品推广得更远。相反，如果不能可持续发展，可能在运营一段时间后，运营得不好或运营不下去了，新媒体关门歇业也不是不可能的事情。

166 新媒体技巧：把控流量方向宣传推广

新媒体活动策划起来还是比较复杂的，在宣传推广方面需要有一定技巧，下面就以策划技巧为主来进行讲解，包括流量把控、用户权限和引导人员。

（1）流量把控

新媒体的宣传推广效果与流量有直接关系，而任何平台提供的流量都是有限的，在流量方面又可分为总体流量和流量分配，如下所示。

① **总体流量：** 活动进行时不要只专注于某一个新媒体平台，可以同时将其他新媒体平台的流量引入活动所在的平台，增加活动的关注度，比如微信朋友圈、百度贴吧等，如图16-12所示。

② **流量分配：** 活动策划者还可以从活动所在的新媒体平台的流量分别入手，通过分流的方式获得活动所在新媒体平台更多的流量，活动自然会被更多的人看到，也就会取得更好的宣传推广效果，如借助大V、头条置顶等。

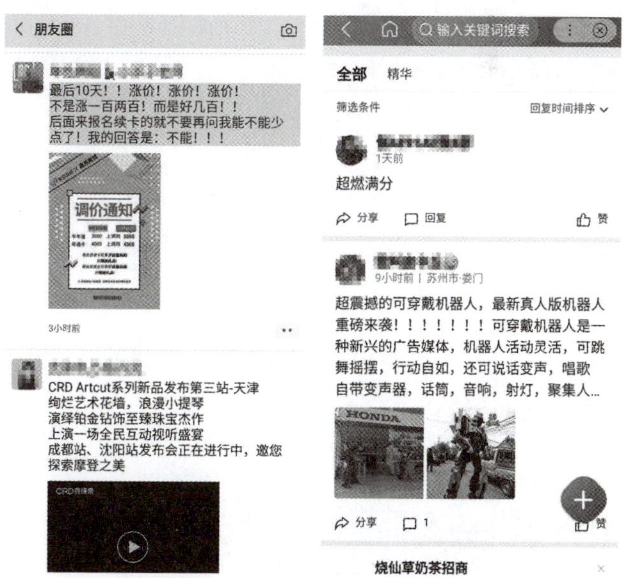

图16-12　利用微信朋友圈宣传活动

（2）用好权限

现在，会员服务在新媒体平台运用得越来越多，只要开通会员就能获得一些特殊的权限，会员的等级越高，获得的权限也就越多。活动策划者如果利用好这些权限，不仅能让活动进行得更加顺利，还能让活动的效果进一步放大。比如在活动中有人恶意发表低俗言论，则可给该用户启用禁言功能，保障活动不受干扰；或者活动信息被其他信息淹没时，可启动置顶功能，让更多的人进入页面就能及时看到有效信息等。

（3）引导人员

在新媒体活动策划中设置引导人员也是一个比较重要的技巧，引导人员的作用可分为两种：一种是防御作用，活动被恶意中伤、诽谤后协助进行澄清说明，在水军恶意破坏活动时稳定参加受众的情绪，在活动出现问题时，协助公关；另一种是引导作用，带头发动围观受众参加活动，调动活动气氛和节奏，引导参与的受众向活动主题靠拢。

167 实战案例：××摄影机构征稿大赛活动策划书

微信是新媒体中运用较多的一种社交工具，利用好这种超高人气的工具也是一种商机，还可以实现盈利。接下来以最常用的微信营销为例，拟定一份《××摄影机构征稿大赛活动策划书》。

（1）活动背景

根据腾讯官方公布的信息，2019年第一季度业绩：微信用户数量达到11亿人，而微信用户中男性偏多；从年龄分布来看，20～30岁的青年占了三分之二；从职业分布来看，大学生所占比例最大。综上分析，微信在新媒体市场中是非常强大的，因此利用微信开展此次征稿活动是最合适不过的了。

（2）活动目的

通过微信公众号向广大摄影爱好者征集优秀作品，也借此提高知名度。

（3）活动主题

活动的主题可以有多种风格，但征稿内容以夜景为主，因此活动主题为“绚烂之光，夜景之美”。

（4）活动时间

因为此次活动时间有些特殊，需要分为以下4个阶段，如下所示。

① **作品征集：**2019年11月01日～11月30日（24:00截止收稿）

② **入围展示：**2019年12月01日～12月31日

③ **晋级展示：**2020年1月6日

④ **奖项公布：**2020年1月10日

（5）活动宣传

一场活动的开展离不开好的宣传方式来为活动助力，想要吸引更多的人来参加活动，就必须借助一些知名人士的名气和其他方式帮忙宣传，微博宣传是宣传中的第一大方式，其效果也最佳。

除此之外，就是微信了，从上面的微信用户数据分析来看，微信用户量是非常庞大的，是有一定的发展前景的。如果利用微信平台来为活动做宣传，确实是一种不错的选择。那应该怎样进行宣传为活动提升人气呢？还需要注意以下几点。

① **保证质量：**现在有很多人为了多积攒些人气，会毫无目标地添加客户，不管别人有没有需求，先加了再说。这样的做法其实意义不大，因为微信有屏蔽功能，当客户对你的东西不感兴趣，又看见你天天发广告，肯定会厌烦，很可能会选择屏蔽或直接删除好友，所以，客户的质量很重要，别人有意向肯定会主动关注你的。

② **微信推广：**微信互推起到的是带动作用，如用大号带小号、私人号带动企业号等，将内容同步分享到朋友圈，还可以附上一些小惊喜，关注活动信息即可参与活动，免费领取精美小礼品，以此来吸引受众。同时还可以利用微信公众号设置一些优惠券，优惠券是现在的优惠活动中一种典型的形式，如果在营销时设置优惠券，肯定会成为一大亮点，关于优惠券的设置模板可以将以下几点作为参考。

- **多种风格：**运用多种风格的优惠模板，用户可有更多选择；
- **利用关键字：**参加活动的用户可直接输入关键字，即可领取相应的优惠券；
- **规定范围：**活动形式可以多样化，那优惠券要在相应的活动范围才能使用，需要根据活动来使用。

③ **微博推广：** 在微博同步微信内容，并加上微信二维码，用微博推广吸引用户关注微信号。

④ **其他方式推广：** 除了上面举例的方法之外，还可以采用到其他网站推广的方式，但是前提是要选择社交活跃度较强的平台，这样才更利于发掘潜在用户。

（6）作品要求

××摄影机构的活动目的是征集优秀作品，其活动主题是以夜景为主，所以对参赛作品的要求有以下几点。

① 参赛作品必须为自己原创。

② 请为作品配上标题以及50字以内的介绍。

③ 每人只有1次参赛机会，仅限投稿1张作品。

例如，图16-13所示为此次活动中的两幅参赛作品展示。

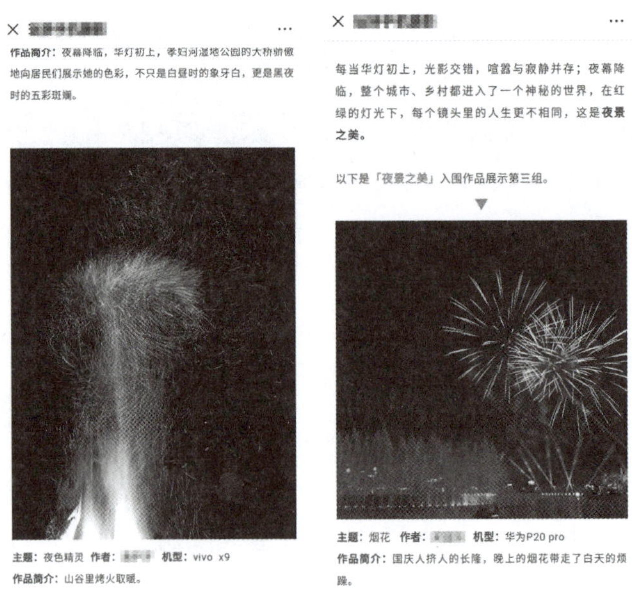

图16-13　参赛作品展示

（7）活动准备

① **申请公众号：** 公众号的审核需要一个星期，得先注册好账号信息，再进行申请，在审核没通过之前，是无法进行认证的。

② **搭建平台：**就像那些线下活动需要搭建舞台，微信也需要搭建平台，具体操作如下所示。

- **设置欢迎词**：让用户主动扫描二维码后，就能获得欢迎词。
- **微官网**：可以采用多种多样的网站形式，记住选择微信专用模板，在手机上显示及触摸，让用户可以有多模板的选择。
- **设置自动回复**：用户将关键词输入信息编写栏，即会自动跳出图文并茂的相关信息，可直接点击查看。
- **自定义菜单**：帮助用户更有效地进行选择，起到导航作用，引导用户报名参加活动，如图16-14所示。

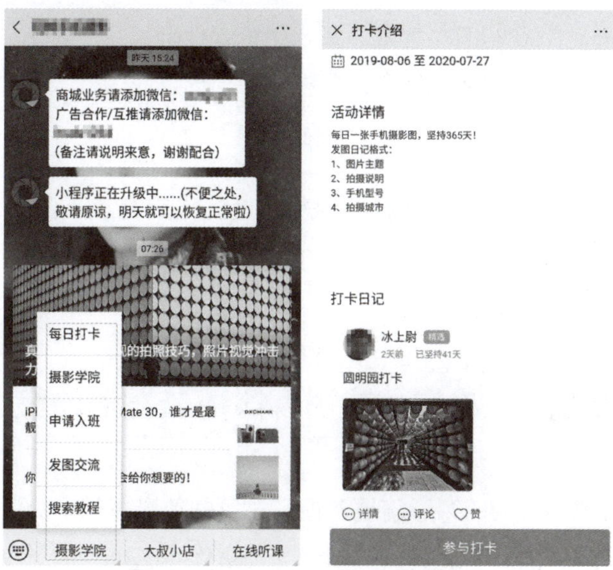

图16-14　某公众号的自定义菜单

（8）参与方式

方式一：关注××摄影机构公众号，回复“报名”，即可收到投稿链接，点击进入按要求填写报名资料。

方式二：在××摄影机构公众号菜单下面点击“我要参赛”即可进入投稿系统。

（9）活动流程

① **海选入围：**本次活动由组委会根据先投稿、先评选、先展示的原则，经

海选选出优秀入围作品，再进行整理排版由××摄影机构的公众号及其新浪微博展示。

② **晋级公示：**入围作品展示结束后，由专业评委组对所有入围作品进行综合评分，最终确定晋级作品并在微信公众号展示。

③ **公布结果：**根据分数排名确定最终获奖者。

（10）设置奖项

一般来说，参赛活动的开展，参赛者都是奔着活动的奖项去参赛的，有奖励才会有动力，因此设置奖项至关重要。

- **金奖：**1名，奖金6000元现金、奖杯、荣誉证书；
- **银奖：**1名，奖金4000元现金、奖杯、荣誉证书；
- **铜奖：**1名，奖金2000元现金、奖杯、荣誉证书。

（11）活动评估

对此次活动进行总结，活动将多种奖项设置作为亮点来吸引参赛者参与活动，这也是此次活动的优势之一，活动结束后还需将活动过程中遇到的问题记录下来，为下次活动积累经验。

168 实战案例："陪你一起拼"微博转发活动策划书

微博作为新媒体活动的第一阵地，拥有大量的新媒体活动资源，其对新媒体活动的推动也是巨大的。下面就以一则名为"陪你一起拼"的新媒体活动的实战案例，带大家深入了解新媒体活动的策划。

（1）前言

每个人都有梦想，但在选择坚持梦想的这条道路上注定不可能一帆风顺，因此，某企业以"梦想拼搏"为关键词开展微博话题活动，希望引起更多人的共鸣。

（2）活动目的

活动的目的一般都比较单一，但也有将多个目标组合在一起，来达到活动效果的，如下所示。

① 宣传推广品牌。

② 提升知名度。

③ 推广官方账号，增加粉丝量。

（3）活动主题

生活中有许许多多正在拼搏的普通人，大家都相信只要坚持下去，就一定可以变得坚不可摧。所以此次活动主题为“陪你一起拼”。

（4）规划运营

① **申请账号：**在微博提交资料注册、实现认证。

② **账号推广：**提升微博粉丝量可以适当地采取付费方式。

（5）宣传方式

① **提取优质内容：**当前的时代不同于以往，人人都可以在平台上发表自己的文章和言论，所以内容选择很重要，要选择优质的内容：能突出主题的、有吸引力的等。

② **寻求共同体：**寻找可以共利的合作伙伴，由多家企业联合推广，这样的推广力度比较大，因此，不同企业的客户也不一样。

③ **运用多个渠道传播：**新媒体的活跃度很多时候取决于粉丝人数和用户量，想要一直保持活跃度并不是那么容易，因此，可以借助多种渠道去传播，增加新的粉丝，从而保持活跃度。

④ **重视人脉关系：**新媒体跟传统媒体不一样的是，新媒体可以双向选择，能让粉丝帮忙传播，这种力量很强大。因为粉丝可能也有粉丝，只要将人脉关系维系好，这种传递作用可能是你想象不到的。

⑤ **前期重点推广：**企业的官方微博可以着重宣传，可以编辑一些软文，和图片结合在一起，吸引粉丝关注，如图16-15所示。

图16-15 “陪你一起拼”活动宣传信息

（6）参与方式

① 关注××企业官方微博，带话题“陪你一起拼”转发微博。

② 带话题“陪你一起拼”评论，并分享自己有关坚持努力的故事。

（7）活动时间

活动时间为20××年7月11日～20××年8月1日。

（8）活动奖项

① 评论、点赞数前三名的参与者可参与现金抽奖活动一次。

② 被收录故事的参与者可获得豪华礼品一份。

③ 转发量最多的参与者可获得品牌优惠券一张。

（9）活动评估

对整个活动过程进行有效评估，在活动宣传上将人脉关系、话题转发赢奖品视为优势，加以利用并扩大化，从而使活动得到更多人的关注，实现品牌推广，达到活动策划的最终目标。

（10）案例分析

“陪你一起拼”活动很好地抓准了自身的定位和活动的重点，活动才能获得圆满成功。其中，丰富的奖品内容，让更多潜在的受众参与活动；合理参与原则，有效地保证了活动的目开展，并且参与方式的设定极其简便，确保受众都易于参加。